The peace letter of Mashhadi people to the world

Zahra Ansarizadeh

Peace in the language of all the people of the world
along with a description of the Promised Future of the Earth

Copyright 2018, Zahra Ansarizadeh
All rights reserved for the author

All rights reserved. No part of this document may be reproduced or transmitted in any form or by any means, electronic, mechanical, photocopying, recording, or otherwise, without prior written permission of Zahra Ansarizadeh.

Title: The peace letter of Mashhadi people to the world
Author: Zahra Ansarizadeh
Translator: Vahid Mardani
Publisher: Supreme Art, Reseda, CA, USA
ISBN: 978-1942912385
Library Congress Control Number: 2018903209

Prepare for publishing by ASANASHR.com

In the name of the Promoter of Peace

In appreciation of the ultimate truth of the world

Dedicated to
All free and honest souls in the world

Introduction

Hello.
Peace be upon all the peace-loving people of the world.
We, the citizens of Mashhad, by writing this letter, invite all the peoples of the world to peace.
This is a letter written by a citizen for another citizen, or human kind irrespective of all international politics and boundaries.
In this letter, the name of country printed in your identity card does not matter.
In this letter, your religion, language or race does not matter.
We just wrote this letter as a human being.
This letter is written in the common language of all people around the world.
We are all human beings and we need to find a shared language for peace.
We desire to create a common ground for promoting peace discourse.
The common language we have chosen in this letter is underscored by the Maslow's Pyramid, which expresses the hierarchy of human needs.
In this letter, the human and the world are summarized in four fundamental principles.
We make a case for common grounds based on these principles.
In this letter, we peacekeepers agree on several common truths.
We have picked a name for every fact as indicated in parentheses, but you can (ignore it or chose a name of your own).
In this letter, we have added another need to the Maslow's pyramid by introducing a strong and common motivation for peace in all human beings:
It represents a fact that its acceptance will pave the way for discussing and appreciating other facts.
In this letter, the truths or teachings of peace are briefly delineated in a plain and common language using nonprofessional terms.

About twenty sentences throughout the text are printed with a different typeface, underscoring the common grounds recognized by all peacekeepers in the world.

It represents a new campaign that is undertaken for the first time with the participation of citizens and municipality of a city.

We hope that citizens of other countries join us in this campaign. This book was published by the Asan Nashr Institute in the United States in April of 2016 by Supreme Art publishing house under the title "Peace for All the World" and ISBN: 978-1942912002. After revision and renaming in March 2018, it was published in both Persian and English with the
ISBN: 978-1942912385

In Iran, this book with the title "Peace for All the World" gained publication license in October, 2016 with ISBN: 978-600-04-5823-2

Thanks to all the respectable peacekeepers

Table of Contents

1. Introduction to the Maslow's Pyramid — 2

2. What is human? — 3

3. What is the transcendental meaning of the universe? — 6

4 - What is the second need? — 12

5. We peacekeepers direct both parts of our existence towards the ultimate truth. — 17

6. Do humans need help? — 21

7. Who is the most four-need person in the world now? — 23

8. The danger of deliberate three-need individuals to is graver than the atomic bomb. — 25

9. What actions or bodies in relation to myself could be ascending or descending? — 27

10. What bodies or actions in relation to people can have an ascending and descending effect? — 31

11. We quadri-need peacekeepers call for the establishment of an integrated management system on in the world that cater the needs of the human beings. — 37

1. Introduction to the Maslow's Pyramid

Abraham Harold Maslow (1908-1970) divides human needs into three categories:
1 - Physical needs
2 - Social needs: Security, love, Esteem
3 - Complete self-liberation or self-actualization

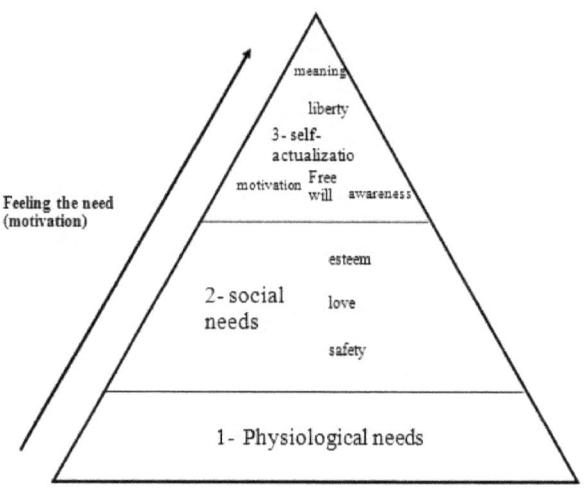

Every human is motivated to address the needs originating from the base of the triangle all the way to the top.
The first need or motivation is concerned with physical needs.
The second need or motivation deals with social needs.

Maslow posits that one can reach the top of pyramid or perfection by transcending levels 1 and 2.
Perfect or self-actualized individuals possess developed traits such as love, honesty, freedom, independence, impartiality, creativity, adaptability, etc.

2. What is human?

If we ignore needs mentioned in the level 2 of Maslow's pyramid, there remain only needs of levels 1 and 3.

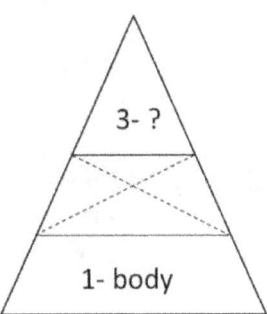

A dead man is nothing but a body or 1.
If we admit that living people are different from the dead, then a living person is not only a body.
According to Maslow's Pyramid, a living human possess something more than body or 3, which for the sake of brevity, we hereby refer to this -other than body feature- : non-body.
All humans are made of two parts: body and non-body (soul).

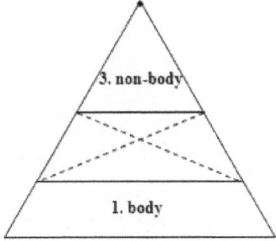

From early cavemen to the last people on the earth, this structure applies to all humans.
Can someone claim that they are not made of two parts, but rather comprised of one, three or five parts?
We peacekeepers agree on the fact that humans are made of two parts.
While reading this letter, suppose for 20 minutes, that you are about to die. That is, you are made of a body and non-body part.

What is the body made of?

Scientists estimate that the Earth is about five billion years old.

They contend that five billion years ago, the Earth was in form of an energy globe and over time, this energy led to the production of atoms, and then various molecules, single celled and multicellular organism, and eventually humans, which have been on earth for several thousands of years.

It seems that the human body has been going through a preparation process over this five-billion-year period.

Thus, the human body is made of the Earth.

But what are the ingredients of the non-body?

If the elements of non-body were the same as the human body, then every human would have two bodies. Therefore, it is reasonable to assume that non-body and body are different.

We peacekeepers concur that body and non-body are different.

To understand the non-body of humans, we must first make sense of the world.

Scientists have recently discovered that matter or atom is made of energy.

Energy or light travels at a speed of 300,000 kilometers per second in space.

A kilometer refers to a specific area of land between two points and one second represents a particular period between two time points.

Thus, matter is equal to energy or place/time.

$$\text{Material} = \text{Energy} = \text{place/time}$$

Scientists have concluded that place/time or matter may not be identical all around the world.

Astronomers posit that Earth is just a small point in the universe.

If we presume that solar system is a desert, the earth only represents a ring in this vast desert.

You can use this analogy for the size of solar system compared to the Milky Way Galaxy.

And the Milky Way galaxy is in turn only a particle in the infinite universe.

If we considered atmosphere of the earth as the first sky, the solar system as the second sky, and the Milky Way Galaxy as the third sky, the following figure can be drawn.

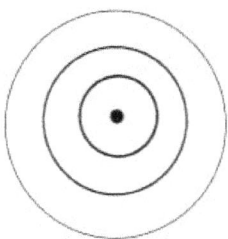

The point in the middle of the circle is the Earth, which resembles a ring. The actual sizes, namely deserts, cannot be shown on the paper of this letter. If the size of our paper was as large as the surface of the planet, we still could not display the actual size of the world on the paper!

Let's take an example to get a better picture of the concept of matter in the world.

Suppose that in a delivery, several babies are born at the same time. The first baby is put in the first sky under the atmosphere of the earth. The second baby is put under the second sky, i.e. the solar system. We place the third baby in the third sky, i.e. the Milky Way Galaxy. We continue this process to the end.

When the first baby on the planet is as old as a 100 year-old man, we bring the rest of babies to the earth.

Then you can see that the second baby is only a ten years old, and the third baby is still a one-year-old child.

Of course, these figures are only for making the point and they are not meant to be precise.

That is, the beginning and end of a century in the first sky or the earth is equal to the beginning and end of a decade in the second sky and one year in the third sky.

One day in the second sky lasts as long as 10 days in the first sky.

Thus, the compression of materials or place/time in the first sky is ten times greater than that of the second sky.

That is, in the higher sky, matter or place/time is looser or thinner.

For thousands of years, most people have assumed anything that has more material features will last longer, while the opposite is true: anything that is less material lasts longer:

As we said, for the start and end of a process, for example a baby growing into a 100-year-old man in the first sky, one hundred earth years is required.

The same process in the second sky will last ten, times longer, which is equivalent to a thousand earth years. In other words, the implementation of this process in the second sky will require one thousand years' worth of matter, place/time or value on earth.

Similarly, the same process in the third sky will last for about ten thousand earth years.

The process of a baby growing into an old man will last one hundred years on the earth, while it will require one thousand years on the second sky and or about ten thousand years on the third sky.

That is, the higher you go, you see less material, more existence and greater freedom.

The human body is made of water and soil, which is the ingredient of the earth or the first sky.

The non-body ingredient, whatever it is, does not belong to the earth.

We peacekeepers concur that the non-body of humans is made of something belonging to higher skies.

Other creatures and animals also have non-body, but in a way that is different from that of humans'. You cannot lump man together with a horse, dog, bear, cat, chicken and other animals.

Man needs respect, awareness and creativity.

Man is in search of freedom and infinity.

Man has willpower and does not act merely out of instincts.

Man can influence his non-body and attempt to upgrade it.

We admit that human science has not been able to discover a large part of the unknown and we cannot answer many of our questions with current human knowledge.

3. What is the transcendental meaning of the universe?

How many skies do you think are there in the universe?
How many skies exist out there? You can draw as many circles as you want. Four? Seven? Ten? Thousands?

In any case, the number of skies or **n** is finite as is the life of the human body.

If there are infinite skies out there, there will be no common desire for peace. A shared goal for all human beings is that they need a destination for the non-body of humans to reach after death.

We peacekeepers concur that there are finite or n skies in the universe.

For the purpose of peace, just acceptance of the fact that there are finite skies will be sufficient.

(mashhadian people believe that there are seven skies).

Ultimately, there is a sky at the highest level beyond which nothing exists. If it is made of material, then something beyond it is immaterial. Therefore, it is something other than matter, We do not know exactly what it is, but it must be something immaterial.

He is not limited in place and time. He is unlimited. He is dominator of all the finite skies. There is no inception or termination for Him but he is master of all beginnings and ends. He is aware of the past and the future of all skies.

Everything in the universe has a beginning and ending except Him. For an infinite being, the size of an atom or largeness of heavens doe s not make any difference. He is the creator of every start and end. He is the creator of all skies.

He is the creator of the human body and non-body. He creates at any moment and decide about granting will to the man (monotheism, God = Allah)

We peacekeepers concur that there is an ultimate meaning in universe.

n sky
.
.
3
2
1

The willpower of man, or the human motive, is that non-body element.
The non-body or motivation, after the death of the body and separation from the first sky, goes upwards toward a destination or the highest point.

We peacemakers concur that the ultimate truth of the world can be a shared motive.
If you reject such a motive for peace, you have to propose a common motive for peace, and preservation of security and respect of human beings.

Non-body of humans is connected to the earth until the moment of death, after which it is separated from the body and rises. (resurrection).
The body of all humans is made of earth or a common sky.
If the non-body of all humans rises up towards a common destination, there would be no incentive for goodness, and everything would be absurd and unfair, without any motive for maintaining the safety and respecting others.
Every human being, depending on how much their non-body, has tried lives with the ultimate truth; that is, how much energy they have put into it, or how much their motive has been to achieve the ultimate truth, after separation of the body, they will obtain a fitting degree of precocity to the ultimate truth or pleasure at a higher level of paradise.
The quality of this justice in the higher sky or how it is meted out after death is not yet known to anyone, but in any case, we peacekeepers believe in the righteousness and justice of the ultimate truth (justice and levels of heaven).
If we adapt the nature of the universe and man, we can see Maslow's pyramid in this way:

The lowest part of the pyramid, corresponding to the lowest level of the universe, i.e. the first sky or the earth, is the most material, which is shown with great density and blackness.
The body is the first sky.

The higher we go, depending on the process and structure of the universe, the material essence is overshadowed and being gains prominence. This process is associated with reduced blackness, so that non-body degrees are comparable to higher skies.

In the top of Maslow's Pyramid, there is no blackness, i.e. the absence of matter, which is the ultimate truth.

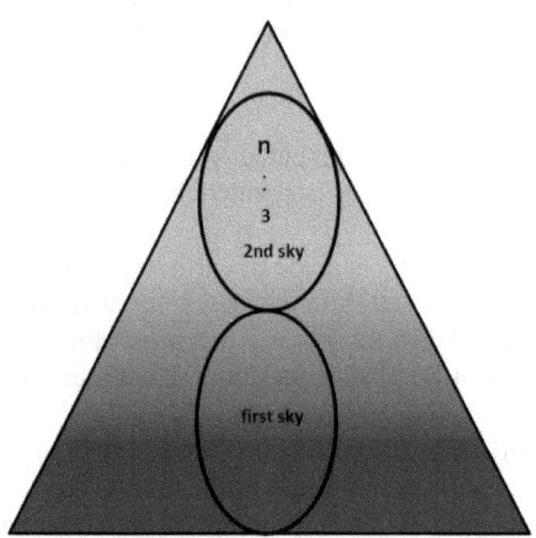

There is a beginning and end for the earth.

When will the ultimate truth, who is the creator of every beginning and end, initiate the ending?

If the planet earth, which has been progressively transforming from this energy mode into this compact material over the past five billion years, deciders to turn into the initial energy in a short space of time, there will be horrible consequences. (Resurrection)

In the first heaven, certain beings have been created.

Creatures have been created in the high skies.

The ultimate truth is able to create anything He desires in the first and higher skies, or it can create something in the first heaven through the interception of creatures residing in higher skies.

There are beings that act as a mediator between the ultimate truth and creatures on the earth, charged with bringing down the creation or fulfilling the demand of the ultimate truth in the world (angels).

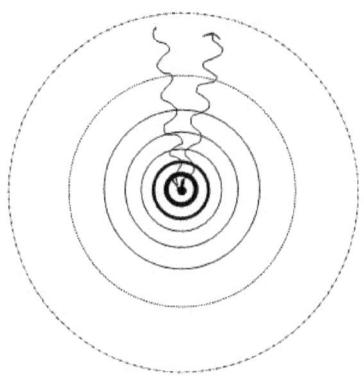

4 -What is the second need?

The body needs security, and the non-body commands respect.
Once again, imagine the moment of death.
The non-body craves earnestly to break away from the body, but one's connections, loves or attachments would not allow it.
Love is the point that bonds the body and to non-body of humans.
The true love is only the love of the ultimate truth.

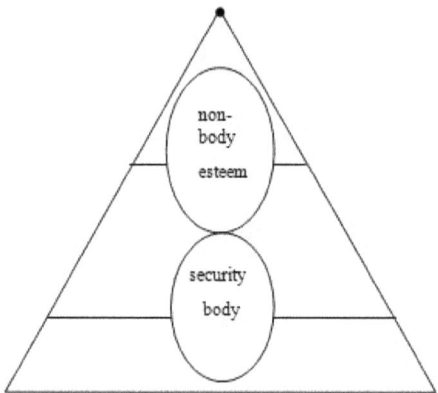

Most humans are under the impression that love for humans is intrinsic, but it is in fact love for humans' behavior or body.
Love for humans is in fact caring about the security and respect of human beings.
Humans feel safe by recalling the ultimate truth, because they are not afraid of the death, which is the most fearsome of all threats, and live every moment of their life with the death to accomplish love and respect through it.

The adversities that humans endure through their lives are rooted in this separation and the misguided attachments and love.

The fear of losing something or someone is escalated when we nurture the love of its achievement.
The more you bond with the ultimate truth, the less you would be afflicted with sorrow and fear.
The perfected man is not terrified and gloomy and he always leads a free, happy and calm life.
By remembering the ultimate truth, humans experience joy, love and tranquility.
According to the formula for human creation, every human being is drawn to something or another fellow human out of want. It is intended to satisfy his needs body or non-body needs.
True love is only love for the ultimate truth.
One who is more in love or in need of the ultimate truth will be more candid and greater.

We peacekeepers concur about the love.

A peacemaker resolves bodily needs in order to unleash his non-body and ascend to the ultimate truth.
Pleasure is freedom or liberation from bodily needs; please is freedom from stress, and torture is in imprisonment and insecurity.
The perfected person knows that respect or non-body is something different from security or body.
A peacemaker, by remembering the ultimate truth, feels respect and pleasure, because there is not respect above Him.
A peacemaker constantly sees humans like two separate parts.
Respect lies in the non-body and you do not need to be a champion or wealthy man.
The need for money is distinct from the need for respect. Some people often disregard this fact, focusing on bodily needs to maintain their character or social class.
The feeling of possession is greater than the possession itself. The feeling of possession is related to the non-body and distinct from actual possession.
The human body is limited in time and place; that is, it has limited needs:
The body is limited in time; that is, it may die at any time, and even if it stops working at old age, it will be a tenant of its his property and assets for several years, provided that there is

capability to use these properties. That is, it requires body health and defects as a perquisite.

The body is limited in place. For example, the stomach of the richest man in the world still has a maximum of two-liter capacity or he cannot use the space of more than a single home at a time.

A peacemaker will not be offended by disrespectfulness; he will forgive ignorance and recklessness of people; remain patient and conscious, understand the captivity and shackles of others, and try to achieve glory through forgiveness.

The perfected man does overlook the highest sense for the sake of the people, and is not overwhelmed by anger, grudge and love.

Judging on the non-body of humans is only within the authority of the ultimate truth.

Society is a system and no one is to blame.

A self-actualized man recognizes limitation of the body from the unboundedness of the non-body.

Those who assume that infinite pleasure can be obtained by a limited body are mistaken.

The formula for human creation asserts that in return for every immoral love and pleasure, there is an unpleasant reaction, even if it is not settled in the difficulties of this world, the retribution will be at the time of death and leaving this world.

A peacekeeper cares as much about his safety and respect, as he does about the security and respect of others.

A peacekeeper is concerned about those with poor body and poor non-body.

Insecurity is rooted in the body poverty and disrespect is caused by non-body poverty.

The higher is the sense of the need for the ultimate truth, the greater is the man.

Salvation or freedom from the needs is tantamount to ascendance.

Salvation is synonymous to ascendance.

What motivation to help others would be greater that knowing that aiding others to reach the ultimate truth will contribute to the ascension of our non-body as well?

We believe that a peacekeeper is someone with four needs:
1-Body needs.
2-Connection of the body and non-body.
3-Non-body needs.
4-Need for the ultimate truth

Which is a common motive for the peace of all human beings.

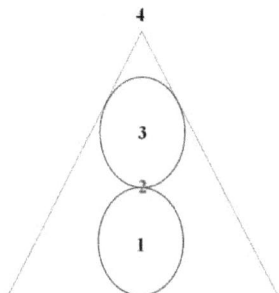

The two parts of man, non-body and body, also have other implications:
Body is the earth and non-body is the sky.
Body is mean and non-body is transcendental.
Body is outside and the non-body is inside.
Non-body is willpower and the body is obligation.
Non-body is a need and the body is fulfillment of the need.
The body is action and non-body is all intention or motivation.
The body is behavior, speech and thoughts and the non-body is all purpose or meaning.
The body is prejudice and captive and non-body is conscious and free.
The body is dependence and non-body is independence.
The body is suffering, and non-body is pleasure.

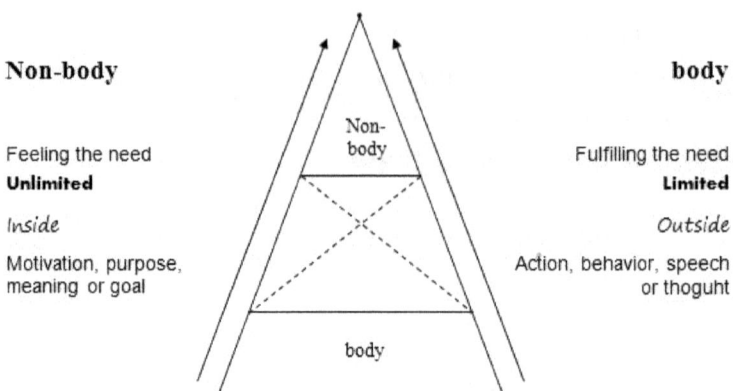

Non-body
Feeling the need
Unlimited
Inside
Motivation, purpose, meaning or goal
Non-body
body
body
Fulfilling the need
Limited
Outside
Action, behavior, speech or thoguht

5. We peacekeepers direct both parts of our existence towards the ultimate truth.

As long as the body and non-body are related, they are in constant interaction.

Some bodies or actions prevent one from achieving the ultimate truth, while some draw attention to the ultimate truth.

Some bodies or actions lead to the confinement and dependence of the non-body while others lead to the freedom of the non-body and proximity to the ultimate truth.

For ascendance and evolution, both human parts must be directed towards the ultimate truth (both good intention and good deeds are required for proximity to God).

We peacekeepers concur that both human parts should be concentrated on reaching the highest sense.

Some deeds or acts exert a great effect that can precipitate fall from higher skies (cardinal sins).

Performing an ascending action leads to ascension while failing to do so will result in falling.

Performing a deadening action leads to the fall whereas avoiding such an act would result in rising (obligatory and forbidden acts).

If both parts, intentions and actions, were directed upward, meaning that the good deed is intended to reach the ultimate truth, its effect on non-body after separation from the body would be ascendance of non-body.

If both parts are descending, i.e. an intentional sin is committed, non-body would also fall after death.

If non-body actions are directed upward and body actions downward, it indicates a reckless commitment of a sin.

If the body is upward and non-body is downward, it reveals performing a good deeds for a reason other than reaching the ultimate truth.

Unintentional sins in this first sky could be compensated for and forgiven, but deliberate sins leave an effect on the non-body or intention or willpower that linger even after death, contributing to the deterioration, separation from the ultimate truth and aggravation of anguishes.

Determining how intentional these falls and rises are only by the ultimate truth.

All four-need humans will experience ascension and pleasure after cleansing of the non-body off these effects.

In the end, the greater is the sin and delay, the greater will be distance from the ultimate truth.

The ultimate truth is aware of conditions of every human being, interrogating the non-body of each creature relative to their strength and forgiving all unintentional sins.

Humans in the first seven years of life or childhood go through the first level of the Maslow's Pyramid.

In the next seven years, or general education, they pass through the second level of the Maslow's Pyramid.

At the age of 14 and below, they reach the third level or self-actualization, which usually coincides with the beginning of a professional phase and sexual need.

In this age, one can assume the ultimate truth for his actions, intentions or choices.

About the age of fourteen, one reaches the age of self-actualization and is therefore held accountable for his conducts (age of accountability).

Sometimes it is difficult to remain in the four-need category.

Sometimes, you have to suffer hardships to enjoin good or forbid evil, and abandon certain pleasures.

It seems that the ultimate truth has created love and suffering, meaning, pain and loneliness altogether.

The point that could be helpful is that pleasure and torment in the first sky, i.e. earth, represents a process like the growth of a baby into an old man over a hundred years, which is equivalent to thousands of years at higher skies.

The adversities endured for preservation of truth induces a respond comparable to experiencing thousands of pleasures and evading thousands of torments.

The process of pleasure or torment, much like any other process or matter on the earth, is thousand of times weaker than its equivalent on higher skies.

That is, happiness and agony in higher skies are many times greater in terms of severity and scope (paradise and inferno).

We peacekeepers concur about the severity of pleasures and torments in higher skies.

The closer we are to the ultimate truth, the more freedom and redemption we will attain.

We are fairly sure that pleasures in higher skies are more profound but the main question is reasons for the fall of the non-body?

What has happened in the higher skies that provoked the decline of the non-body and its confinement in the body at the first sky?

What is it so far away from the ultimate truth?

There is no doubt that man loves the ultimate truth, so there may be a being other than humans that possess willpower, and tricks the non-body of humans into staying away from the ultimate truth.

It is a being that accelerates the fall of humankind, and is still at large. (Satan)

The closer we are to the ultimate truth, the more freedom and pleasure we will experience.

In the 9th and 10th paragraph of this letter, the deeds and actions that contribute to the fall and rise of humans are discussed.

We peacekeepers can debate about the actions that lead to ascension and fall through these four common needs.

We believe that a free and honest man is receptive of the truth.

Of course, we admit that human knowledge is still flawed and that many questions cannot be answered with the existing knowledge and science.

6. Do humans need help?

Are humans capable of discovering all the falling and ascending actions on their own?

If all the people on the earth put their heads together, can they answer all of these questions?

Is it really possible for man who just found the roundness of earth only 300 years ago?

After all, one cannot wait for the discoveries of humankind.

When the human body evolved over five billion years on the earth, the first human couple, who received the non-body from the higher sky, can be considered as parents of all the people of the earth. (Adam and Eve)

The first couple, or the parents of all humans on earth, was the carrier of the truths, as there was no one they could refer to find answer to their questions (Adam was the first prophet)

But how about humans coming after them?

Before quantum physics shows that matter or place/time is variable around the world, how did people know about the ultimate truth?

At any time on Earth, there is the perfect man, i.e. one who is most closely aligned with the ultimate truth than the other people.

The chosen people have the highest and freest non-body and seek peaceful intentions (prophets).

Before the discovery of sciences and time/place truth by man, these people (prophets) recognized the ultimate truth and shared it with other people.

They were expert at recognizing ascending and falling actions better than any other human being on the earth.

Why has humankind failed to establish peace on Earth?

The more humans are in touch with the ultimate truth, the better would be their treatment of these chosen people.

Throughout history, people have often maltreated these chosen individuals or elites, which explain the reason for absence of any peaceful ruling.

The words of these elites, like their behavior, have been a model for other people.

Were the remarks of these elites recorded? For example, in a book?

If most people did not treat these elites properly, they probably had the same attitude towards their book. For example, they burned the book, or modified the meaning of the texts for personal gain.

O the ultimate truth, if you knew that human beings would never turn into quadri-need individuals, you would have set into motion the end of the world by now.

Thus, there should be a book inherited from those elites that You were its protector against distortion.

Without any prejudice and with total freedom, everyone can read this book in the language of these four common principles of the world and man, decide whether to endorse it or not, or whether to love it or not. (Quran)

We peacekeepers believe in the undistorted book of the ultimate truth.

7. Who is the most four-need person in the world now?

One whose every seconds of life, body and non-body are all directed towards the ultimate truth.

Ask anyone on earth whether they have been able to reach perfection in their life?

Certainly, I am not perfect. I have not been able to be hundred percent human. I am just an ordinary person who has experienced the right and wrong, or falling and rising together. There is a perfect, one hundred percent human being.

People who with a shared love tend to be attracted to each other.

I love people who admire the ultimate truth.

The more someone loves the ultimate truth, the more worthy of love they are.

This love is in the highest sense and in the highest sense.

A chosen one always keeps two parts of his being in the direction of the ultimate truth, even in the midst of great suffering.

The perfect man does not suffer for this own sins, but he compensate for the ignorance of people. That is, they endure hardships for the guidance and awareness of the imperfect people.

Without ant prejudice or partiality, no religion or creed, with absolute freedom and common attitude toward the four principles of peacekeepers, we respect every human being who has tried to be in touch with the ultimate truth.

By gaining more insight about human behaviors or actions of elite individuals, his love grows stronger.

We quadri-need peacekeepers do not care about the preacher of correct manners and conducts or the sect or religion that foster them, because we tend to adopt a humanistic attitude according to which something is treated as truthful and sublime as long as it is expressed freely and candidly.

The more humans look up to the higher sky, the more unified and peaceful they are, and the more they are preoccupied with lower sky, the more will be conflicts and clashes.

By focusing on these four common principles, human history will herald a new era, in which escalating sectarianism and divergence gives its place to diminished disagreement and convergence.

Our argument is based on love and freedom. Suffering for the sake of the ultimate truth is love, beauty and meaning.

At present, the philosophy of Iranian government is underlined by expectation for the ruling of the perfect man.

Throughout history, people have not been kind to the chosen individuals. This time, however, humans plead and pray for the ruling of the Supreme Being in the world. Humans should prove in practice that they are prepared to welcome the one chosen by the ultimate truth. (Hazrat Mahdi)

We peacekeepers believe that the best of peace-loving humans is the most deserving and we are waiting for the promised ruling of peacekeepers.

8. The danger of deliberate three-need individuals to is graver than the atomic bomb.

As time passes, humans grow more mature and conscious, Currently, almost all humans choose to be quadri-needs.

But, is it possible that some people refuse to accept the quadri - need state?

It means they have deliberately chosen to remain in the group of triple-need individuals throughout their lives.

Even the four-need people are sometimes unknowingly unaware of the fourth need, but after enduring the torment of non-body, we are finally allowed to go to Paradise, but those who remain tree-need willfully, will never go to Paradise.

The unlimited nature of non- body finds solace only in the ultimate truth, and if it does not accept, the need for infinity still exists in man.

Humans who refuse to accept the motive for peace have unlimited love for the first heaven and their bodies.

They have boundless motivation to seize the entire planet.

They feed on people's ignorance and start wars to win personal gain.

They are limited in number, like salt in the food, but their impact on the world is remarkable.

The deliberate three-need individuals know the truth and their inner self and appearance are different.

They use the truths knowing that people are not aware of them and therefore often exploit people's ignorance.

They say everything and do not say the last point.

They show goodness to conceal perfection.

They are cunning and duplicitous, and try to keep appearances.

They promote declining acts along with thousands of other vile deeds.

It is only obligatory to fight the deliberate three-needed individuals.

We peacekeepers refuse to make peace with those three-need individuals who do not accept the motivation for peace, i.e. the ultimate truth.

9. What actions or bodies in relation to myself could be ascending or descending?

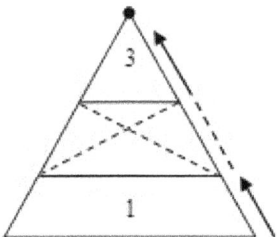

-Two-thirds of human body consists of water, and one third is made of soil and order that has been in place these two during five billion years together.

Water is the primary condition of life followed by the soil.

Most of filths are cleaned with water.

The non-body and body are interacting until death. Every sin disturbs the order of the body, which in turn affect non-body.

Washing the body with water in general or just washing parts of the body can have a relaxing effect.

In the absence of water, the body's contact with the soil can also have an uplifting effect (purifiers, ghusl, ablution, tayammum).

-The four-need men is cautious that his body or action are aimed at reaching the ultimate truth.

It is true that a peacekeeper direct all of his deeds and actions toward the highest truth, but there is also a body specially designed for the non-body.

Action that is only intended to practice the alignment of body and non-body in the path of reaching the ultimate truth in day-to-day activities, and maintaining the intention or non-body for achievement of the ultimate truth.

This uplifting action is performed on the beginning, middle and end of each day as an exercise of salvation.

The day begins before the dawn.

Starting a day in the dawn amidst silence and solitude helps reaching love, peace and tranquility.

In the dawns, the heart is fostered and grown stronger.

To demonstrate humility before the ultimate truth, the highest point of the body or forehead must be placed on the ground, which is one of the most beautiful acts of humans.

An action at different levels, that is, thoughts, speech or behavior, in this body are directed toward the ultimate truth.

We peacekeepers can practice this uplifting act together to strengthen its impact.

This action is the point that connects body to non-body, and is essential and ascending (prayer).

Every action that is used to relieve non- body from the needs of the body, with the purpose of reaching the ultimate truth is uplifting, such as: doing one's job, marrying, eating, bathing, shopping ... (right of the body)

-Addressing the needs of body is necessary for health and survival of the animal body, but we are human beings, and we must deliberately avoid eating, drinking, sex and some other actions for at least a few days a year from the beginning of the day until the end of the day to strengthen our non-body. The willful resistance against hunger and animal urges grans meaning to our non-body, which brings us closer to the ultimate truth.

One benefit of this act is understanding people with poor body.

Another benefit is improving the health of body, because overeating and excesses in satisfying bodily needs exert pressure on the body and leads to illness and aging.

Hunger is supposed to be suppressed, not to feed to the point of satiety and adding extra pressure.

Excessiveness in meeting body's needs leads to captivity and preoccupation of non-body with the body (fasting).

-It is necessary to give away part of your assets and properties to prove integrity in the path of salvation.

If this asset is agricultural and livestock products, a certain share of its surplus should be donated to cleanse the rest of the property for the owner (zakat).

- Throughout history, the most trusted men have been the Chosen Ones in the world. Donating one fifth of one's surplus properties to these Chosen men each year is a necessary and uplifting step. They spend this asset better than any other human being does to contribute to the uplifting of the rest of human beings (khums).

-Eating or drinking any substance that causes severe dependence of body on non-body is deteriorating and restraining:

Like drugs or wines, which make humans lose their inhibitions, or undermine their decision-making.

For uplifting and ascension, the non-body or willpower, must be liberated and strong. (cardinal sin of drinking wine)

-One should not eat anything.

Some foods have a deteriorating effect on the body, such as the meat of wild animals or mean and dirty substances.

Human knowledge in the past and present is incomplete and these prohibited foods should be determined by the Chosen ones (halal food).

-Listening to sounds that overwhelm the non-body and distract one's attention form the ultimate truth will have a deteriorating effect.

Is it possible to humans to live without love?

Being busy doing anything like listening to voices and sounds that lead to attachment and love for something other than the ultimate truths will be futile and fatal. (Lahw and Ghana sin)

-Wasting water, food, time, and any assets that could be used for uplifting of the soul will have a deteriorating effect. (Cardinal sins of prodigality)

-Pride is the preamble to fall.

Focusing on the greatness of the ultimate truth makes humans humble.

The more one focuses on the grandeur of the ultimate truth, the lower they will think of themselves.

Everything that men possess is given by the ultimate truth. The body and non-body of every human being are created by the ultimate truth every moment. (Sin of pride)

-Postponing the reparation of sins has a declining effect, as it is motivated by lack of attention for such sins (delayed in repentance).

-Hope has an uplifting effect whereas despair has a falling effect.

-If despair reaches the point where the existence of the ultimate truth is denied, one's humanity is lost. (Cardinal sin of despair and despondence).

- Some acts have a small deteriorating effect on non-body, but the more we think of the grandeur of the ultimate truth, the greater will be a sin for us, no matter how small it seems,

Thinking low of a sin also has a descending effect.

10. What bodies or actions in relation to people can have an ascending and descending effect?

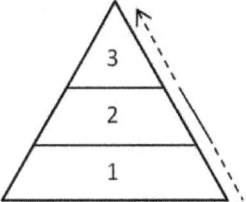

-Non-body should not be confined with the physical and non-physical rights of the people (rights of people).

- The more you are in touch with the ultimate truth, the more lovely you will be.

Non-bodies with identical love are automatically drawn together.

Adoring the chosen people and those who are in love with the ultimate truth has an ascending effect.

This interest is inspired by the ultimate truth and in line with the purpose.

This love must be shown in practice (Tawala and Tabarra).

- In the community, any contribution to promote good deeds and prohibit vile deeds has an uplifting effect (enjoining good and forbidding evil).

-Giving away the surplus assets, whether money or properties, will have an uplifting effect. (Infaq).

-The act of generosity must be aimed at reaching the ultimate truth not satisfying people; otherwise, it will never have an uplifting effect (Duplicity).

-If the act of generosity is accompanied condescendence, it will not be acceptable.

Doing something with a condescending attitude means that the act is not intended for salvation and purity of the soul.

In this case, we may liberate one from the poverty of body, but with condescendence and disrespect, we have created a poor non-body that prevents the ascension.

- Anyone believing in the ultimate truth and the life after death, and the importance of good intentions and actions, will be awarded by the Paradise and live in peace. Only combat with the triple-needs is obligatory (Jihad).

- It is necessary to compensate the favors and kindness of parents by treating them with respect. (kindness to parents)

- Keeping in touch with one's family and grandparents is of utmost importance.

The sense of security is increased with the help of relatives and loved ones, which is an ascending act (devotion to relatives).

- One of the critical times in the history of earth was when after preparation of the human body, after five billion years of evolution, the first couple on earth received the first non-body.

They were the parents of all human beings on the earth.

One of the most important sites on earth is where the parents of all people landed there.

This point of the earth is respected and cherished by all quadri-needs, as it brings peace and unity to peacekeepers, and is perceived as place with common sense belonging to all peoples until the end of the world.

We peacekeepers believe that racism has a deteriorating effect.

We believe the human bodies are different so that humans get to know each other and this schism in the family of the earth, who are all created by the ultimate truth, is irrational as they are all born from the same parents.

Focusing on differences in skin color and language, race, clothing and religion are the characteristics of the earth, and the underlying pretexts for warfare launched by humans who have confined themselves to the lower sky and the earth.

Visiting the descending site of the parents of all humans has an uplifting effect (Hajj).

- Public places or houses, which are built exclusively for worshiping and training non-body are safeguarded and respected (mosques).

-The chosen quadri-needs humans are cherished and admired even when they are buried in their graves. (Respect for the shrines of the Infallibles).

-Hoarding foods and materials that constitute the basic human needs when the community is urgently in need exerts a deteriorating effect (hoarding).

-It is necessary to take care of orphans and protect their rights.

Helping young people who have lost their parents, at least until they reach self-actualization, is important, as they are urgently in need of security.

This loss of guardians and parents should not serve as an excuse for abusing and seizing their possessions (orphans' rights)

- Lying has a fallen effect.

- False swearing has a deteriorating effect.

-Perjury has a descending effect .

-Unjust arbitration has a falling effect.

-Fals accusation has a deteriorating effect.

- Betraying one's trust has a descending effect.

- Breaking one's promise has a falling effect

- It is necessary to compensate for the rights of people, whether it is security, financial or physical, before the death of the body.

- Usury has a descending effect.

-Gambling has a falling effect.

- Fraud is business has a falling effect.

-Backbiting has a descending effect.

- Jealousy has a falling effect.

-Sorcery and witchcraft have a deteriorating effect.

The occult things that are claimed to be at work for misleading people are all false and untrue.

-The introduction or establishment of a untrue belief or a behavior has a falling effect.

- Stealing has a falling effect.

-All human beings concur that stealing the properties and assets of others has an ascending effect as it compromises the safety of others.

Stealing the bank account or properties of other represents obvious instances of theft from the bodily needs of others.

The ultimate truth, for the survival of the females on earth, created everything, from atoms to humans, in form of male and female couples.

The sexual need of the body, no matter how strong it is, should not be confused with the need of love, which is only for the ultimate truth.

Marriage is the culmination of the sense of sexual need that strikes at puberty.

The act or marriage has a huge ascending effect in terms of liberation from sexual desires and enhancement of concentration.

The rules of marriage are stipulated in the unaltered book of the ultimate truth. For instance, you are not permitted to marry anyone.

The sexual energy of the body is limited.

The sexual energy of a husband and wife must be directed at each other. The sexual relationship, from stimulation to satisfaction, is only uplifting if established with someone permitted by the ultimate truth, and it has no animalistic and mean implications.

The proper sexual behaviors, words and thoughts have an uplifting effect on the non-body of humans.

There is no motivation higher that knowing that with each inhibition of sexual desire, the non-body is uplifted, as it is the exercise of an act endorsed by the ultimate truth.

Every moment of love affair with your legitimate spouse that you are entitled to would be reiterating the desire of the ultimate truth and can be uplifting in this sense.

The true love of the husband and wife becomes meaningful when they are both engaged in sexual affair aimed at reaching the ultimate truth.

Extreme behaviors such as homosexuality and masturbating have a deteriorating effect as they are incompatible with the goals of creation or the will of the world's creator. Sexually relations are supposed to release us from the animal body rather than turning us into something meaner than animals.

Sexual relations begin with sexual stimulation and end with gratification. Sexual stimulation could be triggered by clothing, a glance, etc.

In the community, sexual stimulation by someone other than your spouse will jeopardizes other people's sexual privacy.

The sensitivity is especially high for people with whom one is allowed to marry (relatives and non-relatives).

Half of urban area is covered by houses; that is, home and family, which renders the sexual focus of the husband and wife all more important. It is about the security and sustainability of half the urban areas. The cause of marriage or the reason for construction of half the urban areas is to satisfy sexual needs.

The durability of the family, especially when a couple struggles with fear, conceit and disrespect, is more likely to be maintained with sex, that it one of the causes of marriage.

Squandering sexual energy in a non-marital relation, from the stimulation to the gratification, has a falling effect, as it represents a kind of sexual robbery that compromises the integrity of the family (Hijab).

11. We quadri-need peacekeepers call for the establishment of an integrated management system on in the world that cater the needs of the human beings.

This paper consists of two parts that correspond to the body and non-body of human beings. The first part covers the first ten articles of the letter, and the second part constitutes the last part of the letter.

In consultation with some experts, the author decided to present a peace letter in two distinct executive sections, so that the implementation load of the project is reduced, but given that both sections are complementary, the author's personal opinion is the concurrent implementation of two halves of the letter.

People adopt two general standpoints about the future of the earth: a clear and promising attitude underlined by peace and the right exploitation of the resources of the planet and a dark and disappointing attitude, overshadowed by outbreak of wars and the exhaustion of the earth's resources. We peacekeepers support the positive perspective.

In the final part of the book, the future of the world, that is, the administration of security and justice or the promised state, is portrayed, which offers the secret to the salvation of humanity and paradise on the earth, where all human beings live together in peace and monotheism. (Promised state of Imam Mahdi).

The author has endeavored to describe the contents of the second part of the letter, as in the first part, in a simple and plain language. I hope it is well received by readers.

The author's goal from composing the second part is to stimulate the establishment of a common government for all people and the Promised Paradise on earth.

As far as the correctness of the first part of the book is concerned, the author believes in the truth and accuracy of the second part of the book, i.e. the realization of the promised state of security and justice. When one can sum up the whole world and people based on four simple principles, one can easily summarize the management of the human needs in simple categories.

The author of this book, Ms. Zahra Ansarizadeh, a student of Urban Planning at Payame Noor University of Mashhad, has written this book after several years of painstaking study. This section is a combination of urbanization and electronic management, which describes the electronics city in the coming decades.

Overall, the physical needs of all humans can be divided into several shared categories, and in a comprehensive and shared order, a unified management is proposed to maintain the economic security of all human beings in all countries.

In this part of the letter, preparing the ground for dialogue to achieve a common database programming in all countries is proposed.

The general principles and framework of this text, regardless of its details, can be defended by the author. The author welcomes any feedback regarding the possible shortcomings of this paper, which are intended to offer constructive criticism for further improvement of the text.

Do you think it is possible to create a world where humans at all times direct their intentions and actions towards the ultimate truth?

In the promised paradise of the earth, humans can live without worrying about their physical needs for a second.

Justice and security are omnipresent and people live peacefully. No matter how much humankind has progressed, they cannot eliminate their body, which is made of water and soil of the earth.

The needs of the human body, from ancient times until the future, are similar, only the quality of satisfying these needs has changed.

Humans should not be arrogant of their discoveries and progresses in the past, since they are moving in a direction chosen by the ultimate truth that leads to the establishment of a promised state. The future of the planet is portrayed with peace and brightness, not war and darkness.

The planet is rapidly moving toward the evolution and formation of a single management.

Human discoveries have fostered the ability to create paradise of the planet.

The Internet has connected everywhere. Information moves quickly from point to point. The money has given its place to electronic credit and it can be transferred from one point to another in a matter of seconds. Electronic money has emerged as a mediator in the world economy. People anywhere in the world are able to send and receive data via mobile phones. You can see the map of the world's cities with all details and information.

With software such as GIS and Google Earth, you can tag data to the parcel of each city.

What is parcel? A parcel, like every cell in the body, is the smallest segment that acts as an independent economic unit: like a house, a school, a park, an apartment, an office, a farmland, or a street.

The Earth's parcels are to meet the needs of the human body.

People fulfill their body needs of by giving money in exchange for goods or services, from the parcel related to that type of need.

Today, people may enter parcels physically or non-physically, through bank account and passwords, which allow them to connect to the database of banks and perform a transaction.

We peacekeepers concur that the body of all human beings has common needs.

We peacekeepers concur that all countries can decide on a common classification for the needs of human body.

We assume that all types of human needs can be simply divided into **ten fingers**, which are shared by all humans on the earth:

Housing, bills, furniture, transportation, security, food, clothing, recreation, education, healthcare.

- Housing: it is the right to use fixed frame of parcels defined to have residential application.

Bills: it refers to the provision of bills in a parcel, which covers water and forms of energy such as electricity, gas and other fuels.

Furniture: it refers to the need to supply unfixed items inside the parcel.

Transportation: it is the need to for transportation of humans and goods.

Security: it indicates the need for law enforcement to safeguard the security and protect us against attacks at home and abroad, such as the courts of law, the police stations, notary offices and the army.

The need for food, clothing, recreation, education, and healthcare are interrelated five fingers other hand.

- Each finger represents a type of body need and contains the parcels that fulfill that type of body demands.

For example, all parcels related to the food need can be placed in the finger of food needs, and on the city maps, all the parcels associated with food needs can be shown in a specific color.

Or we can place all treatment-related parcels on the healthcare finger and show it on the city maps in a certain color like blue.

As such, we have classified all the parcels of world in ten fingers, which can be displayed on the **map with ten different colors**.

We peacekeepers concur that consistent with common classification of the needs of human body, parcels also have a shard categorization.

- In this brief and concise letter, it is not possible to list all parcels that are defined on each finger, but it is worth noting that for this human-centered category, some functions have been integrated on one finger: for example, the finger dedicated to the recreation: religious, cultural, sport, tourism and green space uselands have been merged into.

For example, suppose you have spent some of your charges for the food finger in a month while buying at several supermarkets in your city, a food factory in another city, and a farmland anywhere in the country and a food-related office. All of these parcels are defined in the food finger.

That is, the bank accounts of parcels that are used to cater for one of the body need are placed in one finger, although their functional data may be different.

There are few parcels shared among fingers.

-To meet the goal of securing all the needs of the human body, each finger with a defined electronic money must be able to provide that charge.

To put it in a simple and symbolic way, imagine that every human being by attaching any finger to the POS of that parcel, or receptor whether physical or online, can provide that charge.

The human body is limited in time and place; that is, each of these ten fingers require a limited and minimal charge, in a certain time period, for example a month, which is the standard charge sufficient to meet the real needs of the body. This is called standard monthly charge.

So, if the minimum monthly charge for each finger is protected, it means that all people are safe.

-Every person knows the total amount of all their financial assets, including bank accounts, real estate, and properties at all times. By summing up all assets, a monetary unit or a charge digit is obtained.

Every human being has a certain charge at every second.

The goal is that when a transaction is requested for a need, the person's charge number will take care of it.

If the person's charge is less than needed, there is poverty or gap at that finger.

If occasions when human assets are not sufficient to meet their needs, poverty is alleviated, this provides security of supply, and we have reached our goal.

-It requires setting up a database in each, which in addition to storing people's information, keeps their charge number confidentially and protects each of these minimum monthly standards.

The data center, when someone's finger touches a parcel receiver anywhere, can recognize exactly which person and which finger, or which type of parcel or body need have requested the charge.

We peacekeepers call for the establishment of this database with the cooperation of people and governments in each country

This information center, in addition to restoring bank account data, contains all other forms of information that can be updated every second.

It receives information constantly and all people are connected to it.

This information center of the country, much like the human brain, contains information is connected to all cells or parcels of various organs of the body, processes neural pulses or transactions, and responds to tens of millions of electronic transmissions per second.

This national information center acts as the Brain of the Country.

Every minute, the Country's Brain monitors the fluctuations in the personal charge number of every human being in a confidential manner.

With each transaction, the brain knows how much charge is transferred for what type of finger.

Rather than humans, this processor information center is tasked with monitoring the financial charge of their fingers, and people will be free of worries and concerns.

-Every person needs housing and job. Every human has **residential and a business parcel** that are specified in the brain.

For example, the job parcels of a person over the age of 14 are clear.

Or a person under the age of 14 whose job is to pass through the first and second levels of Maslow's pyramid, or a woman who only has a housekeeping role, or a disabled person who cannot have a job, share the same residential and professional parcels.

Each human has defined job code and specific job parcel in the brain.

We peacekeepers believe that a person with an approved job code who does the essential working does not have to be stressed about the minimum needs of his or her body.

-Most parcels of the **housing finger** include a home or a family, which constituent the residential parcels. In this finger, there are other parcels such as housing departments and parcels related to the supply of materials for fixed parcels.

As a way of analogy, consider the finger dedicated to the housing or fixed body accommodation and assign a joint of finger to the parcels of the home and family.

- **Half of the parcels** in countries are related to residential or family parcels. That is, **one joint of finger** is dedicated to hosing, and all other parcels are non-residential.

-Each parcel has **three owners** or three layers of information:

the owner of the property,

the owner of the profit and loss,

the owner of the business.

The owner of the parcel property is the one who retains the rights for the fixed structure of the parcel, which includes the land and the skeleton of the parcel building.

The business owner of the parcel refers to people working in that parcel. All parks with activities, both residential and non-residential, are internally self-employed.

The owner of the parcel profits and losses is the one who reaps the economic outcomes of the parcel.

Imagine that every parcel in a finger has three layers of information altogether.

The owner of the profit and loss of a parcel and the owner of the parcel property could be an individual to the whole country. In this letter, for convenience's sake, I may use the singular form of the noun "owner" rather than its plural forms.

-The owner of profits and losses of a residential parcel is one person, usually the head of household, who is often a husband. His only customer is the housewife, who is in charge of production. All housewives and people under the age of fourteen are the business owner of residential parcels.

-The country's brain can stay in touch with all humans, at any place and time via **mobile** and internet:

Every human being can exchange information with the Brain.

A person can see his charge number in his mobile app as well as figures of the bank account credits and properties and goods and any other financial assets. They can also see, approve and update the number of them.

It also allows constant monitoring the charge status of each finger, requesting a transaction and observing the transactions per finger in terms of the destination parcel that determines its type.

One can see the city map by coloring any kind of parcel.

Everyone may know whether they are the owner of a property parcel, a business parcel, or profits and losses of a parcel.

-**All transactions are requested under the supervision of the brain** and according to the information and programming of the brain.

Each charge shift is performed in accordance with the criteria defined in the brain.

For example, if the owner of a parcel intends to sell his property, he can put it on sale based on the price that has been approved by the information layer of property owner of parcels at that time, or records the information related to the property such as rental fee at this layer.

Or, for example, a business owner of a parcel, received his monthly payment or insurance transactions in the information layer of the private sector business owners, or information on employment contracts, such as salary and work hours and the date of salary payment are recorded at the layer of the owner of business parcels.

For example, the transactions of leasing, taxing, customs, or even gifting and lending are defined in the brain programming.

- In the brain, **all bank accounts are defined**. One's personal bank account, shared family bank account, bank account of job of the head of household.

A person requests a transaction either for the needs of his own body or non.

For example, one can define the personal bank account used to take care of his physical needs for the brain.

Each month, the brain records the sum of all charges spent for catering the needs of body and non for every human.

The head of household defines his personal bank card, the personal card of each family member, the shared family account used for addressing family needs and another bank cards such as his job for the country's brain.

-Consider the **five needs** of housing, bills, furniture, transportation and security for one hand.

The owner of profits and losses of all parcels, both residential and non-residential, expend charges for the following five types of needs:

Leases, for example, for housing or a fixed body of the parcel, which provides information in the information layer of the owner of the parcel.

Or parcel furniture; that is, the unfixed body of a parcel, such as raw materials and interior items.

Or charges made for bills of water and parcel energy.

Or charges of transporting humans and parcel products.

Or parcel charges made for security charges, such as taxes.

The owner of a parcel profits and losses expend charges for the salaries of the employees, i.e. the owner of the parcel business, in the information layer of the business owner of the parcel.

The brain of the country, can reveal the sum of input and output of the charge for each human being in addition to the input and output of the charges of each parcel with their categorization for each month.

-The goal of the country' brain is to protect the minimum standard charge of human fingers.

The brain protects the charging of fingers in a simple, three-step process.

Three stages of the transaction search:

The brain of the country is ready when a person requests a transaction.

In the first step, it refers to the personal charge number. If the bank account of the holder was available, it checks the information, performs the transaction and records its data.

If there is no credit in the bank account, the country's brain uses the personal charge number of the applicant. That is, if the applicant's personal charge number is positive, he receives a reminder and upon the request of the applicant, the information of other bank accounts and real estate, goods and other assets are divulged to the applicant, and the transfer can be done after obtaining the applicant's permission for the transaction.

However, if the applicant's charge number was zero or negative, namely he does not have any assets, and if there was a gap up to the minimum monthly standard according to the type of parcel, the brain will verify the approved code and other job information for the applicant's transaction and the necessary charge is provided for at most two other levels.

In the second level, brain refers to the non-residential job parcel of the applicant, and according to its programming and the job information registered up to that moment, the permission to withdraw from the charge of the owner of profits and losses from the occupational parcel is considered.

At this stage, provided that the transfer is allowed, the brain does the withdrawal either from the joint account of the owners of profits and losses of that parcel or from the personal charge of the owners of profits and losses in proportion to the share in the parcel.

If there was no charge available at this stage, it is permitted to withdraw from the public account of the state, i.e. the state fund.

The country's brain, according to its programming and other information, such as working hours, regular salaries and the paid salary, records debts to the public account of state for the owner of profits and losses of the non-residential parcel, or the head of household or single person.

-If the transaction is demanded by occupational owner of residential parcel, for example, the transaction is requested by a housekeeper, after searching the personal charge of the applicant, the personal charge of the head of household will be added to the first step.

-Governments recognize as the right of every human being to have **a spouse and a child.**

If this support is offered by the owner of profits and losses of the job parcel of the head of household, the country's brain withdraws from the public account of the country.

Given the limited resources of the earth, governments do not support the right of having more than one spouse and one child. No matter how much we support peace, the lack of water and food will lead to wars.

That is, the country's brain does not withdraw from the country's public account in order charge the account of a human's fingers with more than one spouse and one child.

-The charge that is offered to fill the gap of any finger is of different type; that is, it is defined only in the recipient POS of the same type of finger parcel. For example, the charge that the state's brain dedicates for water, electricity and gas bill is only defined in the bank account of the parcel associated with meeting the requirements of bills.

- Every time a public charge, i.e. a charge transferred from a state account to a human's account, is implemented, the charge number of that person becomes negative proportionally, and whenever a person with a negative charge acquires some money, the country's brain withdraws the debts from that person's account and transfers it to the public account to the extent that the person's balance reaches zero or the debit is settled.

- The country's brain, when a person's charge number becomes negative, displays the occupation parcel and residential parcel on the map, and all people can request and see the **map of the negative charges**. People strive to help protect human security and increase the overall charge of the country. People are wary that a person with a negative charge has declared its assets to the brain with sincerity, and the government administers a fine for those who are not transparent in declaring their charge to the country's brain.

-Although there are many controllers to produce authentic reports about personal charge numbers, the human's volitional motivation is the most important factor.

-Each country land is divided into smaller units at several levels. The smallest division of each country or village, which is equivalent to the neighborhood in largest cities, has a chosen individual as the representative of the country's brains to collect parcel information and human information in that neighborhood.

The person elected in a district or village is the one trusted by the state and the people in that region.

The **representative of a neighborhood or village** monitors the residential and non-residential parcel information at any moment and updates the parcel type and the three layers of information for the owner of the parcel.

The district or village representatives address people's requests in person.

The elected members of the district will expedite the establishment of the promised government and will be part of that administration.

The elected members of districts or villages are representative of the country's brains is to coordinate ten types of organs and the needs of the people.

The elected member of the neighborhood or village constantly monitors the information of humans within their area and identifies any security breach before it is occurred.

The elected member of a district is responsible to check the information of every parcel in its area in collaboration with organs in its owner's three layers; for example, in the medical, food or educational organs.

If the parcel information is completed every second, the transaction data is also evaluated and categorized, and therefore the database on the information of the fingers of people is completed.

- The government representative in the neighborhood or village checks job codes and occupational parcels of people in their area.

There are tens of thousands of job codes defined on the fingers. The elected member of the district monitors per **capita jobs** for verification of job codes. Different types of occupational codes of humans, are defined with per capita, which depending on the geographical situation and the specific needs of each settlement, could be changed by the organs and the selected members in the neighborhood. Per capita job determines, for example, the number of people relative to the apparel vendors. If the occupational code of a person is not greater than per capita, then in the country's brain, that person is registered as the business owner of that parcel.

Since the age of fourteen, adolescents are exposed to training in educational institutes that mainly run job-training courses per request of the other parcel basis.

-The ruling of peacekeeper or the ruling of the ultimate truth represents a government in which the people and the state establish security through **partnership and focus on one goal**, i.e. the country's brains.

People and elected members of the district help the country's information and charge so that the country's brain can remit the necessary charge to the fingers of all people.

People can see the elected members of districts physically or virtually and exchange information with them. They can also contribute to the development and prosperity of their neighborhood or other neighborhoods, and can cooperate with the district's elected members for quantitative and qualitative development of neighborhoods.

With the help of people, the elected members steer public and private assets towards meeting the needs of humans. For example, they allocate personal wealth for a necessary fixed structure such as roads and hospitals, which is mutually beneficial for the owner of the property, people and the state.

The representative of a neighborhood investigates the reason for negative charge of people in his area and checks the information of the parcel. If it is due to the negligence or fault of the person himself or the owner of profits and losses of the parcel is at fault, he can solve the issue. With the help of other people, this representative safeguards the public charge of the country's brain.

- The elected members of villagers or neighbors are connected online.

The elected members of villagers or neighbors communicate online with the elected members of parliament and exchange information.

The national council of the elected members determines the minimum monthly charge for each finger type, according to variables such as age and the brain does the programing.

The country's brain can estimate and announce the poverty of the country every second; that is, for every human being, it calculates the minimum standard of requests for total fingers and computes the difference of these figures with the personal charge. In general, it calculates the gap for all people in the country and the number of state poverty is achieved.

Brain can announce the country's public budget every second.

People and the state have a common goal, i.e. the country's brains.

People become the protector of public properties and there is a mutual trust between them. The brain represents a strong national trust.

People are the guardian of the brain's charge. All people are sensitive to the brain charge and strive to protect it. They see the brain as the reign of the promised security or the rule of the ultimate truth.

People love the brain because they contemplate on the ultimate truth without any concern. People love God. They love the government of God. They love the brain of God's government, while serving each other and trying to excel at their job with love.

In the promised state, the security of meeting the needs of the body is as close to humans as are ten fingers of hands,

All people, from their birth to death in the first sky, are as assured about satisfaction of their body needs are they are about the attachment of ten fingers to their body.

By forming the country's brain, many issues are solved automatically.

To create this sense of permanent security in all people of the country, a small share of the annual national budget of the country is required, but shortly after the establishment of the country's brain, with the increased trust, security and co-operation of human beings and the donations of people, that trivial share will no longer be required.

-A **generous man** can specify on his mobile phone the person to whom he desires to make a donation and even stipulates the target finger.

The country's brain records the donations of every human being to the poor fingers, and if that person becomes needy in the future, it will prevent that person's charge from going negative.

-All behaviors that deliberately or unintentionally disturb the brain's actual charging are included in the programming of the brain.

Suppose, for example, that a person with a positive but low charge, as a result of his **mismanagement**, while still having trouble meeting his monthly need for food, wishes to spend more than the minimum monthly standard for his recreational needs. The brain detects this fault and does not allow the person's charge to drop below the minimum standard requirement of all fingers unless the person shifts the minimum standard charge of his fingers. For instance, the minimum food charge is replaced with the minimum recreational charge, and the brain is relieved from the task of protecting the minimum charge of food fingers in that month.

-With the empowerment of the public budget of the country, programs such as **floating charges** or timeless charge reserves are created in the country's brain,

- **Housewives** are the owner of half of the world's occupational parcels.

A woman who only does a housekeeping job helps to produce goods and services tailored to the needs of the population and the world. That is, she contributes to the sustainable development and lower environmental pollution.

The housewives contribute to the perfection and self-flourishing of their children.

The ultimate truth has not created half of the world parcels in vein, and the security of its business owners is a major issue.

In the peacekeepers' governance, these business owners enjoy security without the need for a second job. The standard monthly charges provide their needs. There have insurance, and even if they do not have a homework code at old age, they will still be charged to take care of their needs.

Given the limited potential of the earth, governments adopt policies aimed at reducing the number of children to avoid fighting for resources, water and food, and improve the quality of life. This reduction in the activity of the housewives is offset by the expansion of residential buildings and the provision of useful activities.

With proportional distribution of charges and occupations, the population is distributed evenly in the settlements, and thus cheap lands, spacious residential parcels and housekeeping is strengthened.

-In peacekeepers' governance, **with the brains of nations being connected**, if someone moves across several countries within a month, the brains based on the difference in currency exchange rate and the value of goods in each country, calculate each finger transaction as percentages of the minimum monthly standard on that finger, and protect each finger charge of people until it reaches one **hundred percent**.

-In the Promised Paradise of the Earth, justice is pervasive, and in the courts of law, there is no escaper for tyrant because all of his information is available every second and he is obliged to remain connected to the country's brains for the survival of its body.

With the formation of the promised peacekeeper's government, right and wrong are never confused in the first place to lead to any deviation, and humanity will reach the zenith of evolution and prosperity.

The rich do not dread imminent poverty in the future and thus do not hoard money, and the poor are not afraid of poverty and cities grow in prosperity.

Gradually, after the formation of the promised government, security prevails to the extent that there may be surplus charges, and people do not care about the accumulated wealth.

The demand of the ultimate truth is the formation of the promised government in the near future, and this book is just a catalyst to accelerate this process.

Do you think there is another way for ensuring human security? Could you imagine another scenario to form the promised government of security and justice?

Is it possible to give another suggestion to demonstrate our preparation for the ruling of the best of men on Earth?

The structure of the peacekeeping government is founded upon common grounds.

We peacekeepers believe that in the near future, peace-loving countries, with the aid of people and governments, will establish an electoral peacekeeping government to meet all the needs of the human body in their own territory,

And by connecting the brains of countries, the lands and people are connected, and gradually an integrated and unified world is developed.

In the promised paradise of the earth, all human beings live in absolute security and peace, and both their body and non-body is directed towards the ultimate truth (The electronic government of Imam Zaman).

O the ultimate truth
O the Creator of Everything
Help us to get closer to you

آیا برای اثبات آمادگی ما، برای سروری بالاترین انسان کره زمین، پیشنهاد دیگری هم می‌توان داد؟ استخوان‌بندی دولت صلح طلبان، متمرکز شدن بر مشترکات است.

ما صلح طلبان یقین داریم در آینده نزدیک، کشورهای صلح طلب با کمک مردم و دولت‌هایشان، حکومت الکترونیک صلح خواهان را، برای تامین همه نیازهای بدن انسان‌های محدوده خود، به وجود می‌آورند،

و با اتصال متر‌های کشور‌هایشان،

خاک و مردمشان را به هم وصل می‌کنند،

و بتدریج یک کره زمین یکپارچه را به وجود می‌آورند.

در بهشت موعود کره زمین، همه انسانها در کمال امنیت و احترام و آرامش دو بخش بدن و غیربدنشان متمرکز بالاترین معناست (**دولت الکترونیک امام زمان عج**).

ای بالاترین معنا

ای خالق همه چیز کمکمان کن که ما به تو نزدیک تر شویم

بالاترین معنا، نصف پارسلهای کره زمین را بیهوده نیافریده است و امنیت صاحبان شغلی آن، موضوعی اساسی است.

در حکومت صلح طلبان، این صاحبان شغلی از امنیت برخوردارند و حس نیاز به شغل دوم را ندارند، شارژهای استاندارد ماهانه انواع نیازهایشان تامین است. بیمه اند و در پیری اگر کد شغلی خانه داری را هم نداشتند، شارژهای نیازهایشان تامین است.

با توجه به پتانسیل محدود کره زمین و ایجاد صلح و افزایش طول عمر انسانها، دولتها سیاستهایشان بر جهت تعداد کم فرزند میباشد تا برای منابع و آب و غذا جنگ نشود و زندگی ها با کیفیت باشد. این کاهش فعالیت زن خانه دار، با بزرگ شدن خانه های مسکونی و انجام فعالیتهای مفید، جبران میشود.

با توزیع متناسب شارژها و شغلها، جمعیت در سکونتگاه ها توزیع متناسب پیدا میکند و زمین ارزان و پارسل های مسکونی بزرگ می شوند و خانه داری تقویت میشود.

- درحکومت صلح طلبان با **اتصال مغز کشورها** به همدیگر، در صورت جابه جایی شخص در چند کشور در طی یک ماه، مغزها در ارتباط و همکاری همدیگر، با توجه به تفاوت ارزش واحد پول و ارزش کالا در هر کشور، هر تراکنش انگشت را، بصورت درصدی از حداقل استاندارد ماهانه در آن انگشت، محاسبه میکنند و شارژ هر انگشت هر انسان را تا رسیدن به **صد درصد حفاظت** میکنند.

- در بهشت موعود زمین، عدالت همه جا را می گیرد و در دادگاهها، ظالم هیچ راه فراری ندارد، چون همه اطلاعاتش هر ثانیه موجود است و مجبور است برای بقای بدن خود، به مغز کشورها وصل شود.

با تشکیل حکومت موعود صلح طلبان، حق و باطل قاطی نمیشوندکه گمراهی ایجاد شود و بشر به اوج تکامل و شکوفایی میرسد.

پولدارها از فقیرشدن در آینده نمیترسند و پول ذخیره نمیکنند و فقیرها از فقیر ماندن نمیترسند و شهرها آباد میشوند.

به تدریج و بعد از مدتی از تشکیل حکومت موعود، امنیت همه جا را میگیرد، تا جاییکه شارژها اضافه می آید ولی نیازی نیست و مردم اهمیتی به پولهای انباشته شده نمیدهند.

خواست بالاترین معنا، تشکیل حکومت موعود در آینده نزدیک است و این کتاب فقط یک کاتالیزور برای تشکیل سریعتر آن است.

به نظر شما آیا راه دیگری هم برای امنیت اقتصادی انسانها هست؟ مگر برای تشکیل دولت موعود، دولت امنیت و عدالت، راه دیگری هم میتواند وجود داشته باشد؟

در دولت موعود، همانقدر که ده انگشت دست به انسان همیشگی و نزدیک است، امنیت تامین شدن نیازهای بدن، به انسان نزدیک است. همه انسانها از اولین تا آخرین نفسی که در آسمان اول میکشند به تامین شدن نیازهای بدنشان همانقدر مطمئنند که ده انگشت دستشان به بدنشان چسبیده است.

با تشکیل مغز کشور، خیلی از مسائل خود به خود حل میشود.

برای ایجاد این احساس امنیت همیشگی در همه انسانهای کشور، سهم کمی از بودجه عمومی سالانه کشور نیاز است و در شروع شاید دولت فقط بتواند درصدی از خلاها را پر کند ولی بعد از مدت کمی از تشکیل مغز کشور، با افزایش اعتماد و اطمینان و امنیت و همکاری انسانها و بخششهای اختیاری مردم، به همان هم، نیازی نیست.

-**انسان بخشنده** میتواند برای مغز در موبایلش مشخص کند بخشش به کدام شخص نیازمند و حتی به کدام انگشتش باشد.

مغز کشور، بخشش های هر انسان به انگشتان فقیر را ثبت میکند و اگر شخص در آینده نیازمند شد، آنها را قرض حساب میکند و مانع منفی شدن عدد شارژ شخص بخشنده میشود.

-همه رفتارهایی که بطور عمدی یا غیر عمدی، در شارژ رسانی حقیقی مغز، اختلال ایجاد میکنند، در برنامه نویسی مغز گنجانده میشوند.

مثلا فرض کنید انسانی با عدد شارژ مثبت ولی کم، با **سوءمدیریت** خود، در حالیکه نیاز خوراک ماهانه اش باقیمانده است، بخواهد برای نیاز تفریحش، بیشتر از حداقل استاندارد ماهانه خرج کند، مغز این خطا را تشخیص میدهد و اجازه نمیدهد در هر ثانیه، عدد شارژ شخص، از مجموع حداقل استاندارد درخواست نداده همه انگشتان، کمتر شود، مگر اینکه شخص، شارژ حداقل استاندارد انگشتانش را جابه جا کند، مثلا شارژ حداقل خوراک را به شارژ حداقل تفریح جابه جا کند و مغز را از وظیفه حفاظت شارژ حداقل انگشت خوراک در آن ماه، ساقط کند.

-با قدرتمند شدن بودجه عمومی کشور، برنامه نویسی هایی در مغز کشور مانند **شارژ شناور** یعنی شارژی که نوع ندارد و یا ذخیره شارژ که زمان ندارد هم بوجود می آید.

- **زنان خانه دار**، صاحب شغلی نیمی از پارسلهای کره زمین هستند.

زنی که فقط شغل خانه‌داری دارد، کمک می‌کند تولید کالا و خدمات، متناسب با نیاز جمعیت و کره‌ی زمین باشد، یعنی به توسعه پایدار و آلودگی کمتر محیط زیست، کمک می‌کند.

زن خانه‌دار، در رساندن فرزند به تکامل و خود شکوفایی کمک می کند.

انسان میتواند منتخب محله را فیزیکی و غیر فیزیکی ببیند، و نظر و اطلاعات دهد، و میتواند در آبادانی محله خود یا محله های دیگر مشارکت کند و میتواند با منتخبان محله برای طرحهای عمرانی محله از نظر کمی و کیفی همکاری کند.

منتخبان محله با همکاری مردم، داراییهای عمومی و خصوصی را، در جهت تامین شدن نیازهای انسانها سوق میدهند، مثلا سرمایه های شخصی را برای کالبد ثابت مورد نیاز مانند جاده و آب و انرژی و بیمارستان سوق میدهند تا هم به نفع صاحب ملک باشد و هم مردم و هم دولت.

منتخب محله، علت منفی شدن عدد شارژ شخصی انسانهای محدوده خود را پیگیری میکند و اطلاعات پارسلها را چک میکند ، اگر کم کاری و تقصیر از خود شخص باشد و یا تقصیر صاحب سود و زیان پارسل شغلی اش باشد، علت را رفع میکند و با کمک مردم و منتخبان دیگر، نگهبان شارژ عمومی مغز کشور است.

- منتخبان محله یا روستا، بصورت آنلاین، با همدیگر در ارتباطند.

منتخبان محله یا روستا، بصورت آنلاین، با مجلس منتخبان کشوری در ارتباطند و اطلاعات میدهند .

مجلس منتخبان کشور، حداقل شارژ استاندارد ماهانه را برای هر نوع انگشت، با توجه به متغیرها، مثلا سن تصویب میکنند و مغز را برنامه نویسی میکنند.

مغز کشور میتواند هر ثانیه فقر کشور را آمار دهد، یعنی برای هر انسان، حداقل استاندارد درخواست نداده مجموع انگشتانش را حساب کند و اختلاف این عدد را با عدد شارژ شخصی اش حساب کند و در مجموع برای همه انسانهای کشور خلا را محاسبه کند و عدد فقر کشور را آمار دهد.

مغز میتواند هر ثانیه بودجه عمومی کشور را اعلام کند.

مردم و دولت، یک هدف مشترک، یعنی مغز کشور دارند.

مردم حافظ اموال دولت میشوند و مردم و دولت هدفمند به هم اعتماد میکنند. مغز یعنی یک اعتماد قدرتمندکشوری.

مردم نگهبان شارژ مغزند. همه انسانها به شارژ مغز حساسند و از آن محافظت میکنند، و مغز را حکومت امنیت موعود یا حکومت بالاترین معنا میدانند.

مردم عاشق مغزند چون بی دغدغه میتوانند به بالاترین معنا توجه کنند. مردم عاشق خدا و عاشق دولت خدا و عاشق مغز دولت خدا هستند و به یکدیگر خدمت میکنند و با عشق در انجام بهتر شغل خود میکوشند و تمرکزشان به بالاترین معنا و احترام به همدیگر است.

منتخب محله یا روستا، اطلاعات پارسلهای مسکونی و غیرمسکونی محدوده خود را هر لحظه چک میکند و نوع پارسل و سه لایه اطلاعاتی صاحب پارسلها را آپدیت میکند.

منتخب محله یا روستا، چهره به چهره ، به مراجعات مردم پاسخگویی میکند.

منتخبان محله به تشکیل دولت موعود سرعت میدهند و برای اداره آن لازمند. قدرتهای بزرگ از بهم پیوستن قدرتهای کوچک به وجود می آیند.

منتخب محله یا روستا، نماینده مغز دولت در هماهنگی ده نوع ارگان و نیازهای مردم میباشد.

منتخب محله یا روستا، هر ثانیه اطلاعات انسانهایی که در محدوده کوچک خود است، را بررسی میکند و قبل از اینکه امنیتی به خطر بیفتد تشخیص میدهد.

منتخب محله وظیفه دارد هر پارسلی را که در محدوده اش قرار دارد، اطلاعاتش را با همکاری ارگانها در سه لایه صاحبش چک کند مثلا ارگان درمانی یا ارگان غذایی یا ارگان مدرسه ای.

اگر هر ثانیه اطلاعات پارسلها تکمیل باشد، اطلاعات تراکنشها هم مقداربندی و نوع بندی میشود و در نتیجه اطلاعات انگشتان انسانها هم تکمیل است.

- نماینده دولت در محله یا روستا یا منتخب محله، کدهای شغلی و پارسلهای شغلی انسانهای محدوده خود را چک میکند.

چند ده هزار کد شغلی وجود دارند که در انگشتان دست تعریف میشوند. منتخب محله برای تایید کردن کدهای شغلی، **سرانه های شغلی** را چک میکند. انواع کدهای شغلی انسانها، سرانه دارند و البته با توجه به شرایط جغرافیایی و نیاز خاص هر سکونتگاه، قابلیت تغییر دارند که توسط ارگانها و منتخب محله بررسی میشود. سرانه شغلی یعنی مثلا بابت هر چند نفر، یک فروشنده پوشاک لازم است. اگر کد شغلی انسان، بیشتر از سرانه نباشد، در مغز کشور آن شخص بعنوان صاحب شغلی تایید شده یک پارسل، ثبت میشود.

انسان از چهارده سالگی به بعد، در **آموزشکده** هایی که عمدتا به سفارش پارسلهای دیگر، دوره آمادگی شغلی را اجرا میکنند ، توانایی انجام آن شغل را آموزش می بینند.

- حکومت صلح طلبان یا حکومت بالاترین معنا، حکومتی است که مردم و دولت با **مشارکت** هم و با **تمرکز بر یک هدف**، یعنی مغز کشور، امنیت را برقرار میکنند.

مردم و منتخبان محله، به اطلاعات و شارژ مغز کشور کمک میکنند، تا مغز کشور بتواند به انگشتان همه انسانها شارژ لازم را برساند.

-دولتها داشتن **یک همسر و یک فرزند** را حق هر انسانی میدانند و از آن حمایت میکنند.

این حمایت اگر از طریق صاحب سود و زیان پارسل شغلی سرپرست خانواده صورت نگرفت، مغز کشور از حساب عمومی کشور استفاده میکند.

با توجه به منابع محدود کره زمین، دولتها بیشتر از یک همسر و یک فرزند را حمایت نمیکنند. ما هر چه از صلح صحبت کنیم، ولی اگر آب و غذا کم باشد، جنگ میشود.

یعنی مغز کشور برای تامین شارژ انگشتان انسانی که در رابطه با سرپرست خانواده بیشتر از یک همسر و یک فرزند است، به حساب عمومی کشور مراجعه نمیکند.

-شارژی که برای پر کردن خلا هر انگشت، **تزریق میشود، نوع دارد**، یعنی فقط در پوز گیرنده همان نوع پارسل انگشت تعریف میشود، مثلا شارژی که مغز دولت برای نیاز قبض آب و برق و گاز میفرستد، فقط در حساب بانکی پوز گیرنده پارسل های مربوط به تامین نیاز قبض، تعریف میشود.

-هر وقت شارژی عمومی یعنی شارژی از حساب دولت به شارژ یک انسان وارد میشود، عدد شارژ انسان مقصر، به همان میزان منفی میشود، و هر زمان که انسان شارژ منفی، به مالی دست یافت، مغز کشور آن را بابت بدهکاری به شارژ عمومی کشور واریز میکند تا جاییکه عدد شارژ شخص، صفر یا تسویه شود.

-مغز کشور با منفی شدن عدد شارژ شخص، پارسل شغلی و پارسل مسکونی مربوط به شخص را روی نقشه نشان میدهد و همه مردم میتوانند **نقشه شارژ منفی ها** را درخواست کنند و ببینند. مردم برای کمک به امنیت انسانها و بیشتر شدن شارژ عمومی کشور تلاش میکنند. مردم نظارت دارند که شخص شارژ منفی، با صداقت دارایی خود را به مغز گزارش داده است یا نه و دولت برای کسی که در اعلام عدد شارژ خود به مغز کشور صداقت نداشته است، جریمه تعیین میکند.

-گرچه کنترل کننده های زیادی برای ایجاد گزارش صادقانه در عدد شارژ شخصی وجود دارند ولی انگیزه اختیاری انسانها، مهمترین عامل است.

-خاک هر کشوری در چند سطح به واحدهای کوچکتر تقسیم میشود. کوچکترین واحد تقسیمات هر کشور یا روستا که معادل آن در شهرهای بزرگ، محله میباشد، دارای یک انسان منتخب برای مغز کشور برای اطلاعات پارسلها و اطلاعات انسانهای محدوده آن محله میباشد.

منتخب محله یا روستا، فرد مورد اعتماد دولت و مردم، در آن تکه از کره زمین، میباشد.

سه مرحله سرچ تراکنش

هر زمان که هر انسان یک تراکنش درخواست میدهد، مغز کشور آماده است.

مغز کشور در مرحله اول، به عدد شارژ شخصی مراجعه میکند. اگر حساب بانکی متقاضی موجودی داشت، که اطلاعات را بررسی میکند و تراکنش را انجام میدهد و اطلاعات آن را ثبت میکند.

اگر در حساب بانکی موجودی وجود نداشت، مغز کشور از عدد شارژ شخصی متقاضی استفاده میکند. یعنی اگر عدد شارژ شخصی متقاضی، مثبت بود به او یاداوری میکند، و در صورت درخواست متقاضی، در موبایلش، اطلاعات حسابهای بانکی دیگر او و املاک و کالا و دیگر داراییها را به متقاضی نشان میدهد و میتواند با اجازه متقاضی برای تامین تراکنش انتقال دهد.

ولی اگر عدد شارژ متقاضی، صفر یا منفی بود یعنی هیچ دارایی نداشت، و اگر با توجه به نوع پارسل آن نوع انگشت، خلا تا حداقل استاندارد ماهانه وجود داشت، مغز وجود کد شغلی تایید شده و اطلاعات دیگر شغلی را برای متقاضی تراکنش چک میکند و حداکثر در دو مرحله دیگر، شارژ را تامین میکند.

مغز در مرحله دوم به پارسل شغلی غیرمسکونی متقاضی، مراجعه میکند و با توجه به برنامه نویسی خود و اطلاعات شغلی ثبت شده تا آن لحظه، اجازه یا عدم اجازه برداشت از شارژ صاحب سود و زیان پارسل شغلی متقاضی را پیدا میکند.

در این مرحله، در صورت اجازه انتقال، مغز یا از حساب مشترک صاحبان سود و زیان آن پارسل و در صورت وجود نداشتن، از عدد شارژ شخصی صاحبان سود و زیان آنها به تناسب سهم در پارسل، برداشت میکند.

اگر در این مرحله هم شارژی وجود نداشت، در مرحله آخر از حساب شارژ عمومی کشور، یعنی از حساب دولت، برداشت میکند.

مغز کشور با توجه به برنامه نویسی خود و اطلاعات دیگر، مانند مقدار ساعت کاری و مقدار حقوق قراردادشده و مقدار حقوق واریزشده، بدهکاری به حساب عمومی کشور را یا برای صاحب سود و زیان پارسل غیرمسکونی، و یا سرپرست خانواده و یا انسان مجرد ثبت میکند.

-اگر تقاضای تراکنش، از صاحب شغلی پارسل مسکونی باشد مثلا متقاضی تراکنش، زن خانه دار باشد، بعد از سرچ شارژ شخصی متقاضی، سرچ شارژ شخصی سرپرست خانواده هم به مرحله اول اضافه میشود.

- **در مغز، همه حسابهای بانکی تعریف شده اند** اعم از حساب بانکی شخصی برای بدن سرپرست خانواده، حساب بانکی شخصی هر عضو خانواده و حساب بانکی مشترک خانواده که برای نیازهای مشترک خانواده است و حساب بانکی شغلی سرپرست خانواده و غیره.

انسان یا برای نیاز بدن خودش درخواست تراکنش میدهد و یا برای غیر نیازهای بدن خودش. مثلا کارت بانکی شخصی که برای نیازهای بدنی خود استفاده میکند را به مغز معرفی کرده است. مغز هر ماه برای هر انسان، مجموع همه شارژهاییکه برای نیازهای بدن خود و مجموع همه شارژهاییکه برای غیر نیازهای بدن خود خارج کرده است را ثبت میکند.

سرپرست خانواده برای مغز کشور، کارت بانکی شخصی خود و کارت شخصی هر عضو خانواده و کارت بانکی مشترک خانواده که برای نیازهای مشترک خانواده است و کارتهای بانکی دیگر مانند شغلش را، مشخص کرده است.

- **پنج نیاز** مسکن و قبض و مبلمان و جابه جایی و انتظامی را برای یک دست در نظر بگیرید.

صاحب سود و زیان همه پارسلها اعم از مسکونی و غیرمسکونی، بابت این پنج نوع نیاز شارژ خرج یا خارج میکنند:

مثلا بابت مسکن یا سکونت یا کالبد ثابت پارسل ، اجاره میدهد، که در لایه اطلاعاتی صاحب ملکی پارسل، اطلاعاتش را وارد میکند.

و یا بابت مبلمان پارسل، یعنی کالبد غیرثابت پارسل، مانند مواد اولیه و وسایل داخل پارسل، هزینه میکند.

و یا بابت قبوض آب و انرژی پارسل، شارژ خارج میکند.

و یا بابت جابه جایی انسانها و کالاهای پارسل، شارژ خارج میکند.

و یا بابت نیاز انتظامی، مانند مالیات، از پارسل شارژ خارج میکند.

صاحب سود و زیان پارسل، بابت حقوق کارکنان یعنی صاحب شغلی پارسل ، در لایه اطلاعاتی پارسل، شارژ خارج میکند.

مغز کشور، مانند مغز بدن انسان برای هر سلول، میتواند علاوه بر برآیند ورودی و خروجی شارژ هر انسان، ورودی و خروجی شارژهای هر پارسل را با دسته بندی نوعشان در هر ماه نشان دهد.

- هدف مغزکشور، حفاظت از شارژ حداقل استاندارد ماهانه انگشتان انسانهاست.

مغز در یک نظم ساده و راحت سه مرحله ای، از شارژ انگشتان محافظت میکند.

۴۱

-صاحب سود و زیان پارسلهای مسکونی، یک نفر، یعنی سرپرست خانواده که غالبا شوهر است، تنها مشتری خدماتی است که زن خانه دار در پارسل مسکونی تولید میکند. همه زنان خانه دار و انسانهای زیر چهارده سال، صاحب شغلی پارسلهای مسکونی اند.

-مغز کشور با همه انسانها، در هر مکانی و زمانی میتواند توسط **موبایل** و اینترنت ارتباط داشته باشد:

هر انسانی میتواند از مغز کشور اطلاعات بگیرد و به مغز اطلاعات بدهد.

انسان میتواند عدد شارژش را در اپلیکیشن موبایلش ببیند و اعداد داراییهای حسابهای بانکی خود و اعداد دارایی های املاک و عدد شارژ کالاهای خود و هر دارایی مالی دیگر خود را چک کند و تایید و یا اپدیت کند.

و یا وضعیت شارژ هر انگشتش را در هر ثانیه ببیند، تراکنش درخواست کند و تراکنش های مربوط به هر انگشت خود را بر حسب علت یا پارسل مقصد که نوع را مشخص میکند ببیند.

انسان میتواند نقشه شهرها را با رنگ آمیزی ده نوع پارسل، ببیند.

هر انسانی میتواند بداند صاحب ملکی کدام پارسلها، یا صاحب شغلی کدام پارسلها، یا صاحب سود و زیان کدام پارسلها است و است و شارژها یا تراکنشهای وارد شده یا خارج شده را در آن لایه پارسل ببیند.

-**همه تراکنشها، زیر نظر مغز** و طبق اطلاعات و برنامه نویسی مغز درخواست میشود.

هر جابه جایی شارژ، طبق ضابطه ای که در مغز تعریف شده است، انجام میشود.

مثلا اگر صاحب ملکی یک پارسل، میخواهد ملک خود را بفروشد، طبق قیمتی که تا آن ثانیه در لایه اطلاعاتی صاحب ملکی پارسلهای کشور تایید کرده است، ملک خود را می فروشد و یا اطلاعات قراردادهای مربوط به ملک، مانند مقدار اجاره را در این لایه ثبت میکند. مثلا شارژ اجاره وارد انسان صاحب ملکی میشود و تراکنش یا شارژ مالیات یا عوارض از انسان صاحب ملکی خارج میشود.

و یا مثلا صاحب شغلی یک پارسل، تراکنش ورودی حقوق ماهانه و یا تراکنش خروجی حق بیمه را با تعریف شدن در لایه اطلاعاتی صاحبان شغلی پارسلهای کشور دریافت میکند و یا اطلاعات قراردادهای شغلی مانند میزان حقوق و مقدار ساعات کاری و تاریخ دریافت حقوق، در لایه صاحب شغلی پارسل ثبت میشود.

و یا مثلا برای تراکنش عوارض دادن، حتی هدیه دادن و قرض دادن، تبدیل دارایی مثلا کالا به حساب بانکی و ... در برنامه نویسی مغز، ضابطه تعریف شده است.

این مرکز اطلاعاتی پردازشگر بجای انسانها به فکر شارژ پولی انگشتان آنها میباشد و انسانها آزاد از دغدغه و نگرانی پول هستند.

-هر انسانی به **مسکن و شغل** نیاز دارد. هر انسانی پارسل مسکونی و پارسل شغلی دارد که در مغز مشخص است.

مثلا انسان بالای چهارده سال، پارسل شغلی اش مشخص است کجاست و چه نوع است.

و یا مثلا انسان زیر چهارده سال که شغلش عبور از مرحله یک و دو هرم مازلو است، یا زنی که فقط شغل خانه داری دارد، و یا انسان معلولی که نمیتواند شغل داشته باشد، پارسل مسکونی و شغلی اش، یکی است.

هر انسانی کد شغلی تعریف شده و پارسل شغلی مشخص در مغز دارد.

ما صلح طلبان اعتقاد داریم انسانی که کد شغلی تاییدشده با مقدار ساعت کاری لازم در شبانه روز را دارد، نباید برای حداقل استاندارد نیازهای بدنش، دچار استرس شود.

-بیشتر پارسلهای **انگشت نیاز مسکن** یا نیاز کالبد ثابت پارسل، شامل خانه یا خانواده که همان پارسلهای مسکونی هستند میباشد. در این انگشت پارسلهای دیگری مانند ادارات مربوط به مسکن و پارسلهای مربوط به تامین مصالح و مواد کالبد ثابت پارسلها هم وجود دارند.

در یک تشبیه ساده، انگشت مربوط به نیاز مسکن یا کالبد ثابت را در نظر بگیرید و یک بند از این انگشت را به پارسلهای خانه خانواده ها اختصاص دهید.

-**نیمی از پارسلهای** کشورها، پارسل مسکونی یا خانه خانواده هستند یعنی نیمی از پارسلهای کره زمین **در یک بند انگشت دست** قرار دارند و نیمی دیگر پارسلهای دیگر غیر خانه ای یا غیر مسکونی اند.

-هر پارسل دارای **سه صاحب** یا سه لایه اطلاعات میباشد: صاحب ملکی، صاحب سود و زیان، صاحب شغلی.

صاحب ملکی پارسل، صاحب کالبد ثابت پارسل میباشد، یعنی زمین و بدنه ثابت ساختمان پارسل.

صاحب شغلی پارسل، به انسانهای شاغل در آن پارسل گفته میشود. همه پارسلهای دارای فعالیت، اعم از مسکونی و غیرمسکونی، درون خود، انسان شاغل دارند.

صاحب سود و زیان پارسل، صاحب نتیجه اقتصادی پارسل میباشد.

صاحب سود و زیان پارسل و صاحب ملکی پارسل میتواند از یک نفر تا کل کشور باشد.

در این نامه، برای راحتی، ممکن است از اسم مفرد استفاده کنیم یعنی بجای صاحبان بگوییم صاحب.

-هر انسانی در هر ثانیه مجموع همه دارایی های مالی اش را می داند، شامل: حساب‌های بانکی، املاک، کالاها. از مجموع همه دارایی ها یک معادل پولی یا یک عدد شارژ به دست می آید.
هر انسان، هر ثانیه، یک عدد شارژ دارد.
هدف اینست که هر زمان که تراکنشی برای نیاز درخواست میشود، عدد شارژ شخص آن را تامین کند.
اگر عدد شارژ شخص، کمتر از نیاز باشد، فقر یا خلا در آن انگشت وجود دارد.
اگر وقتهایی که دارایی انسان برای شارژ نیازش کافی نبود تشخیص داده شود و فقر رفع شود، یعنی امنیت تامین است و ما به هدف خود رسیده ایم.
-یک مرکز اطلاعاتی، در هر کشور نیاز است تشکیل شود، که علاوه بر خود شخص، به طور محرمانه، عدد شارژ هر انسان را بداند و از این حداقل ماهانه استاندارد هر انگشت محافظت کند.
این مرکز اطلاعاتی، با اتصال هر انگشتی از هر انسانی به هر گیرنده پارسلی میداند بابت کدام انسان و کدام انگشتش یا کدام نوع پارسل یا کدام نوع نیاز بدنش، شارژ درخواست شده است.

ما مردم صلح طلب میخواهیم که این مرکز اطلاعاتی مرجع با همکاری مردم و دولت در هر کشور تشکیل شود.

این مرکز اطلاعاتی، علاوه بر اطلاعات حسابهای بانکی، دارای همه اطلاعات دیگر هم است و در هر ثانیه اطلاعاتش آپدیت میشود.
اطلاعات هر ثانیه به آن وارد و خارج میشوند و همه انسانها با آن در حال ارتباطند.
این مرکز اطلاعاتی کشور، مانند مغز بدن انسان، حاوی اطلاعات است و با همه سلولها یا پارسلهای انواع ارگانهای بدن در ارتباط است و پالسهای عصبی یا تراکنشها را پردازش میکند و در هر ثانیه دهها میلیون تراکنش الکترونیکی را پاسخ میدهد.
این مرکز اطلاعاتی کشور، مغز کشور است.
هر ثانیه مغز کشور، کم شدن و زیاد شدن عدد شارژ شخصی هر انسان را بطور محرمانه میداند.
با هر تراکنشی، مغز میداند چه مقدار شارژ و بابت چه نوع نیازی، دارد جابه جا میشود.

مثلا همه پارسلهای مربوط به نیاز خوراک را در انگشت نیاز به خوراک قرار میدهیم، و روی نقشه شهرها، همه پارسلهای مربوط به نیاز خوراک، به یک رنگ و مشخص هستند، و یا همه پارسلهای مربوط به نیاز درمان را در انگشت درمان قرار میدهیم و روی نقشه شهر مثلا رنگ آبی میدهیم.
پس همه پارسلهای کره زمین را هم در ده انگشت دست، دسته بندی کرده ایم و جا داده ایم و روی **نقشه ده رنگ** داریم.

ما صلح طلبان در مورد اینکه به تبع این تقسیم بندی مشترک نیازهای بدن انسان، پارسلها هم دارای یک دسته بندی مشترک میشوند توافق نظر داریم.

- در این نامه کوتاه و مختصر، نمیتوان لیست تک تک پارسلهایی که در هر انگشت تعریف میشوند را گفت ولی قابل ذکر است که برای این دسته بندی انسان محور، بعضی کاربری ها برای یک انگشت ادغام شده اند: مثلاً برای انگشت نیاز تفریح، کاربری مذهبی و کاربری فرهنگی و کاربری ورزشی و کاربری جهانگردی و کاربری فضای سبز با هم ادغام شده اند.
مثلا فرض کنید در یک ماه برای انگشت نیاز غذا، به چند سوپرمارکت در شهرتان و یک کارخانه غذایی در شهر دیگر و یک زمین کشاورزی در هر جای کشور و یک اداره مربوط به غذا، شارژ خرج کرده اید، همه این پارسلها در انگشت خوراک تعریف میشوند.
یعنی حساب بانکی پوز پارسلهایی که فعالیت برای رفع یک نوع نیاز بدن دارند، در یک انگشت حساب میشود، هر چند اطلاعات فعالیت آنها متفاوت است.
تعداد بسیارکمی از پارسلها هم هستند که بین چند انگشت مشترکند.
-برای رسیدن به این هدف که امنیت همه نیازهای بدن انسان ها تامین باشد، باید هر انگشت دست که نیاز به پول الکترونیکی برایش ایجاد شد، آن شارژ تامین باشد.
در یک بیان ساده و نمادین، یعنی هر انسانی با اتصال هر نوع انگشتش به پوز همان نوع پارسل، چه بصورت فیزیکی یا اینترنتی، شارژ تامین باشد.
بدن انسان، محدود در مکان زمان است، یعنی هر کدام از این ده انگشت، به شارژ محدود و حداقلی، در بازه زمانی محدود، مثلاً در یک ماه نیاز دارد که استاندارد با تامین شدن نیازهای واقعی بدن باشد که به آن، شارژ حداقل استاندارد ماهانه می‌گوییم.
پس اگر از شارژ حداقل استاندارد ماهانه هر انگشت محافظت شود، یعنی همه انسانها امنیت دارند.

پارسل چیست؟ هر پارسل مانند هر سلول در بدن، کوچکترین قطعه تفکیک شده است که به عنوان یک واحد مستقل اقتصادی عمل می‌کند: مانند یک خانه، یک مدرسه، یک پارک، یک آپارتمان، یک اداره، یک زمین کشاورزی، یک خیابان.

پارسل های کره زمین برای تامین نیازهای بدن انسان هستند.

انسان هر نیاز بدنش را، با دادن پول در ازای کالا یا خدمات، از پارسل مربوط به آن نوع نیاز بدنش، تامین می‌کند.

امروزه انسان ها بصورت فیزیکی یا غیر فیزیکی، وارد پارسل می شوند و با واسطه کارت بانکی و شناسه رمز، به مرکز اطلاعاتی حساب های بانکی وصل می شوند و یک تراکنش انجام می دهند.

ما صلح طلبان در مورد اینکه، بدن همه انسانهای کره زمین، دارای نیازهای مشترک است اشتراک نظر داریم.

ما صلح طلبان در مورد اینکه، همه کشورها میتوانند بر روی یک تقسیم بندی مشترک، برای نیازهای بدن انسان توافق کنند اشتراک نظر داریم.

فرض میکنیم همه انواع نیازهای بدن انسان را بطور ساده و عامیانه در **ده انگشت** دست که مشترک همه انسان‌های کره‌ی زمین است، تقسیم کنیم:

مسکن، قبض، مبلمان، جابجایی، انتظامی، خوراک، پوشاک، تفریح، مدرسه، درمان.

-نیاز مسکن یعنی حق استفاده از بدنه ثابت پارسلهایی که کاربری مسکونی تعریف شده است.

نیاز قبض، به تامین قبض آب و انرژی پارسل گفته میشود مانند برق و گاز و سوختهای دیگر.

نیاز مبلمان، به تامین وسایل غیرثابت داخل پارسل گفته میشود.

نیاز جابه جایی، به نیاز جابه جایی انسان و کالا گفته میشود.

نیاز انتظامی به پارسلهایی که که برای نیاز امنیت و جلوگیری از تعرض انسانهایی که در داخل و خارج کشور امنیت را تهدید میکنند گفته میشود مانند دادگاه وکلانتری و دفتر اسناد و ارتش.

نیاز خوراک و پوشاک و تفریح و مدرسه و درمان هم که پنج نیاز دست دیگرند.

-هر انگشت نشان دهنده یک نوع نیاز بدن و دارای پارسلهای تامین کننده آن نوع نیاز بدن است.

در یک نگاه جامع، نیازهای بدن همه انسانها به چند نوع مشترک تقسیم میشود و در یک نظم جامع و مشترک، مدیریت واحدی برای حفظ امنیت اقتصادی همه انسانها در همه کشورها پیشنهاد میشود.

در این بند نامه، ایجاد بسترهای گفتگو برای رسیدن به یک برنامه نویسی مشترک بانک اطلاعاتی در همه کشورها پیشنهاد داده میشود.

این نوشتار در اصول و استخوانبندی، بطور کلی فارغ از توجه به جزئیات، توسط نویسنده قابل دفاع میباشد. نویسنده از اشکالات وارد بر این نوشته استقبال میکند ولی به هدف بهتر شدن برای هدف اجرا شدن آن، و نه به قصد نابود شدن آن.

به نظر شما آیا میتوان کره زمینی ایجاد کرد که انسان ها در همه ثانیه ها نیت و عملشان متمرکز بالاترین معنا باشد؟

در بهشت موعود کره زمین، انسانها هر لحظه می‌توانند رها از نگرانی تامین شدن نیازهای بدنشان زندگی کنند و حتی یک ثانیه اسیر استرس نباشند.

عدالت و امنیت همه جا را فرا میگیرد و انسانها در صلح و آرامش زندگی میکنند.

بشر هر چه هم پیشرفت کند، بدن آب و خاکی خود را که برگرفته از کره زمین است را نمیتواند حذف کند. نیازهای بدن گلی انسان از قدیم تا آینده مشابه است، فقط کیفیت بدست آوردن نیازهای آن فرق کرده است.

بشر نباید از کشفیات و پیشرفتهای خود نسبت به انسانهای گذشته مغرور شود، چون در طی خواست و خلق بالاترین معنا، به سمت تشکیل یک حکومت موعود پیش میرود.

آینده کره زمین صلح و روشنایی است، نه جنگ و سیاهی.

کره زمین به سرعت به سمت تکامل و تشکیل یک مدیریت واحد پیش می‌رود.

اکتشافات بشر، توانایی ایجاد بهشت کره زمین را به وجود آورده است.

اینترنت همه جا را به هم وصل کرده است. اطلاعات به سرعت از نقطه ای به نقطه دیگر میرود. پول تبدیل به شارژ الکترونیکی شده است و در یک ثانیه از نقطه ای به نقطه دیگر می رود. پول الکترونیکی بعنوان واسطه پذیرفته شده در اقتصاد کشورها به وجود آمده است. هر انسانی در هر نقطه کره زمین با موبایل می تواند اطلاعات بگیرد و بفرستد. انسان میتواند نقشه شهرهای کره زمین را با تمام اطلاعات ببیند.

با نرم افزارهایی مانند GIS و google earth می‌توان پارسل های هر شهر را اطلاعات دهی کرد.

۱۱- ما چهارنیازه های صلح طلب خواستار تشکیل مدیریت واحد برای کره زمین هستیم که همه نیازهای بدن همه انسانها هر ثانیه تامین باشد.

این کتابنامه منطبق بر بخش غیربدنی و بدنی انسان، دارای دو بخش است. بخش اول، ده بند اول نامه است و بخش دوم، بند آخر نامه است.

با مشورت بعضی از صاحبنظران، نویسنده تصمیم بر این داشت که نامه صلح را در دو مرحله اجرایی مجزا ارائه دهد که طرح برای اجرا سنگین نشود، به همین علت مقدمه و صفحه بندی دو بخش جدا میباشد، ولی با توجه به اینکه هر بخش بدون دیگری ناقص است، نظر شخصی نویسنده به اجرای همزمان دو نیمه نامه میباشد.

مردم نسبت به آینده کره زمین دو نگرش دارند: نگرش روشن و امیدوارکننده و صلح و استفاده درست از منابع کره زمین و چرخه پایدار و یا نگرش تاریک و ناامیدکننده و جنگ و تمام شدن منابع کره زمین که ما صلح طلبان نگرش مثبت را قبول داریم.

در بند آخر کتاب، آینده نزدیک کره زمین یعنی دولت امنیت و عدالت یا دولت موعود تصویر شده است که رمز نجات بشریت و بهشت کره زمین است و همه انسانها در آرامش و خداپرستی زندگی میکنند. (**دولت موعود امام زمان عج**).

سعی مولف بر آن بوده است که مطالب بخش دوم نامه هم مانند بخش اول به زبان ساده و عامیانه توضیح داده شود. امید است که مورد قبول خوانند گان قرار گیرد.

هدف نویسنده از بخش دوم، تحریک برای شروع ایجاد کردن یک دولت مشترک برای همه کره زمین یا بهشت موعود کره زمین است.

مولف به همان اندازه که به صحت بخش اول کتاب یقین دارد به صحت بخش دوم کتاب یعنی تحقق دولت موعود امنیت و عدالت یقین دارد. وقتی میتوان کل جهان و انسان را در چهار اصل مشترک و ساده خلاصه کرد، میتوان مدیریت نیازهای بدن انسان را در ده انگشت دست همه، بطور ساده و مشترک خلاصه کرد.

نویسنده این کتاب خانم زهرا انصاریزاده دانشجوی رشته شهرسازی در دانشگاه پیام نور مشهد میباشد و بعد تحقیق و بررسی چندین ساله این مطلب را ارائه میدهد. این بخش تلفیقی از دانش شهرسازی و مدیریت الکترونیک میباشد و حکومت الکترونیک چند دهه آینده را توصیف میکند.

نصف مساحت شهرها مسکن است یعنی خانه و خانواده، پس تمرکز جنسی زن و شوهر موضوع کم اهمیتی نیست. امنیت و پایداری نیمی از مساحت شهر. علت ازدواج یا علت نیمی از مساحت شهرها، نیاز جنسی است.

پایداری خانواده، بخصوص وقتی زن و شوهر دچار ترس و بی احترامی و اختلاف میشوند، با انگیزه جنسی که علت ازدواج است، بیشتر محقق میشود.

هدر دادن انرژی جنسی غیرهمسر از مرحله تحریک تا مرحله تخلیه سقوط دهنده است و نوعی دزدی جنسی یا به خطر انداختن امنیت جنسی خانواده محسوب میشود (**حجاب**).

دزدی حساب بانکی و املاک و کالای دیگران خیلی واضحند و همه قبول داریم دزدی از نیازهای بدن دیگران است.
بالاترین معنا برای بقای نسل ماده در کره زمین همه چیز را از اتم تا انسان، نر و ماده آفریده است.
نیاز جنسی بدن هر چقدر هم که زیاد باشد نباید با نیاز عشق که فقط نسبت به بالاترین معنا حقیقت دارد، قاطی شود و اشتباه گرفته شود.
ازدواج یعنی احساس نیاز جنسی که از سن بلوغ جنسی بدن شروع میشود.
عمل یا بدن ازدواج کردن، برای رهایی غیربدن از فشار نیاز جنسی، برای توجه بهتر به بالاترین معنا، بسیار صعوددهنده است.
قوانین ازدواج در کتاب تغییر نیافته بالاترین معنا آمده است، مثلا با هر انسانی نمیتوان ازدواج کرد.
انرژی جنسی بدن محدود است.
انرژی جنسی زن و شوهر باید متمرکز همدیگر باشد و هدر نرود. ارتباط جنسی از تحریک تا تخلیه فقط با انسانی که از بالاترین معنا اجازه گرفته میشود صعوددهنده است و معنای حیوانی و سقوطی و پست ندارد.
رفتار و گفتار و افکار جنسی صحیح، برای غیربدن خود انسان صعوددهنده است.
انگیزه از این بالاتر که با هر مواظبت جنسی، غیربدن خودم بالاتر میرود چون اختیار و رفتاری موافق بالاترین معناست، هر لحظه اجازه با همسری که اجازه اش گرفته شده است، تکرار نیت صعود دهنده است. تکرار اجازه صعود دهنده است.
عشق حقیقی زن و شوهر وقتی معنا میابد که هر دو بواسطه یک هدف مشترک یعنی نزدیکی هر چه بیشتر به بالاترین معنا، در ارتباط جنسی رفتار پاکی داشته باشند.
زیاده روی و رفتارهای اشتباه مانند **همجنس بازی** و **خودارضایی جنسی** سقوط دهنده است و مخالف خلقت یا خواست خالق جهان است. با ارتباط جنسی قرار است از بدن حیوانی رها شد نه اینکه از حیوان پست تر شد.
ارتباط جنسی از تحریک جنسی شروع میشود و به تخلیه جنسی ختم میشود. تحریک جنسی با لباس و نگاه و غیره میتواند ایجاد شود.
در اجتماع، تحریکات جنسی غیر همسر، حریم جنسی انسانهای دیگر را به خطر می اندازد.
این اعمال برای انسانهایی که اجازه ازدواج با آنها وجود دارد، حساستر است (**محارم و غیر محارم**).

-پنهان کردن مواد غذایی و نیازهای اساسی انسان در حالیکه اجتماع به آن نیاز دارد سقوط دهنده است (**احتکار**).
-رسیدگی به یتیمان و رعایت حقوق آنها لازم است.
کمک کردن و دلگرمی دادن به انسانهایی که از نعمت والدین محرومند و حداقل تا سن خودشکوفایی بیشتر از بقیه انسانها به امنیت نیاز دارند .
نباید از بی سرپرست بودن آنها سوء استفاده کرد و اموالشان را تصاحب کرد (**حقوق یتیمان**)
-**دروغ** سقوط دهنده است.
-**سوگند دروغ** سقوط دهنده است.
-**شهادت حق ندادن** سقوط دهنده است.
-**حکم ناحق** سقوط دهنده است.
-**تهمت** سقوط دهنده است.
-**خیانت در امانت** سقوط دهنده است.
-**پیمان شکنی** سقوط دهنده است.
-**جبران هر حقی از مردم** اعم از امنیت و مالی و بدنی یا احترام و آبرو و غیربدنی تا قبل از مرگ بدن لازم است.
-**ربا** سقوط دهنده است.
-**قمار** سقوط دهنده است.
-**کم فروشی** سقوط دهنده است.
-**غیبت** سقوط دهنده است.
-**حسادت** سقوط دهنده است.
-**جادوگری و سحر** سقوط دهنده است.
یعنی غیبهایی که برای گمراهی مردم ادعا میشوند وجود دارند، ولی دروغند و حقیقت ندارند.
-**بدعت** یا بنیانگذاری یک اعتقاد یا رفتار دروغ سقوط دهنده است.
-**دزدی** سقوط دهنده است.
-همه ما انسانها دزدی اموال و دارایی های بدن دیگران را عمل سقوط دهنده ای می دانیم، چون امنیت دیگران را به خطر می اندازد.

-هر انسانی که به بالاترین معنا ایمان داشته باشد و زندگی بعد از مرگ را بپذیرد و نیت و عمل صالح داشته باشد، به بهشت میرود و صلح طلب است. فقط جنگ با سه نیازه های عمدی لازم است (**جهاد**)

-خوبی کردن به پدر و مادر، برای جبران زحمتهایشان، لازم است. (**احسان به والدین**)

-ارتباط برقرار کردن با خانواده خود و خانواده پدر و مادر، لازم است.
حس امنیت بیشتر، با کمک به خویشاوندان و نزدیکان افزایش می یابد، که عمل صعوددهنده است (**صله رحم**).

-یکی از مهمترین زمان های کره زمین زمانی است که با آماده شدن بدن انسان، بعد از پنج میلیارد سال تکامل کره زمین، اولین زوج، اولین غیربدن انسانی را دریافت کردند. پدر و مادر همه انسانهای کره زمین.
و یکی از مهمترین مکان های کره زمین، نقطه ای است که پدر و مادر همه انسان‌های کره زمین، در آن فرود آمده بودند.
این نقطه از کره زمین، برای همه چهار نیازه‌ها، مورد امنیت و احترام است و باعث اشتراک و وحدت صلح طلبان میشود و مکانی با معنای مشترک و متعلق به همه انسان ها، تا پایان کره زمین میباشد.
ما صلح طلبان، نژادپرستی را سقوط دهنده میدانیم.
ما اعتقاد داریم بدنهای انسانها متفاوت میشوند بخاطر اینکه انسانها همدیگر را بشناسند و این تفاوت در خانواده کره زمین که مخلوق بالاترین معنایند و همه از یک پدر و مادرند معنی ندارد.
توجه به تفاوتها در رنگ پوست و زبان و نژاد و لباس و دین، خصوصیات کره زمینی اند و بهانه های زمینی برای جنگ انسانهایی هستند که خودشان از جنس پایینند و فقط به کره زمین توجه میکنند.
دیدار از مکان فرود آمدن پدر و مادر همه انسانها، صعود دهنده است (**حج**).

-مکان‌ها یا خانه های عمومی، که فقط برای عبادت و بدن مخصوص غیر بدن، یا نماز ساخته می‌شوند، مورد امنیت و احترام اند (**مساجد**).

-انسانهای چهارنیازه برگزیده، بدنشان هم در قبرها مورد احترام اند (**احترام به قبور معصومین**).

۱۰- چه عمل ها یا بدن هایی در رابطه با مردم صعود دهنده و سقوط دهنده اند؟

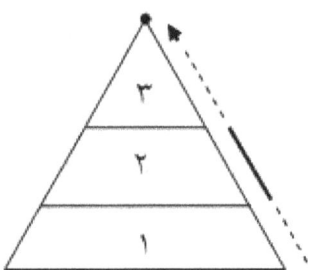

-غیربدن نباید اسیر حق بدنی و غیر بدنی مردم باشد (**حق الناس**).
-هر چه انسانی بیشتر با بالاترین معنا باشد، دوست داشتنی تر است.
غیربدن هایی که عشق مشابه دارند، ناخودآگاه به هم گرایش پیدا میکنند.
دوست داشتن برگزیده ها و انسان‌هایی که عشقشان بالاترین معناست، صعود دهنده است.
این علاقه بخاطر بالاترین معنا و در راستای هدف است.
این عشق در عمل هم باید باشد (**تولی و تبری**).
-در اجتماع کمک به بیشتر شدن عمل های خوب و کم شدن عمل های بد صعوددهنده است (**امر به معروف و نهی از منکر**).
-بخشیدن هر چه بیشتر اضافه دارایی‌های مالی و غیرمالی صعوددهنده است (**انفاق**).
-عمل بخشش، فقط به نیت بالاترین معنا باید باشد نه مردم وگرنه صعود نمیکند (**ریا**).
-اگر عمل بخشش، همراه با منت باشد، پذیرفته نمی شود.
منت گذاشتن یعنی نیت عمل، خالص و رها برای بالاترین معنا نیست.
در اینصورت شاید فقیر بدنی را رهایی بخشیم ولی با منت و بی احترامی، فقیرغیر بدنی ایجاد کرده ایم که مانع صعود می شود (**منت**).

-به آینده انداختن جبران گناهان، سقوط دهنده است و بی اهمیتی را معنی میدهد **(تاخیر در توبه)**.

-امید، صعود دهنده است. یاس، سقوط دهنده است.

-اگر یاس به حدی برسد که وجود بالاترین معنا انکار شود، از انسانیت ساقط شدن است. **(گناه کبیره یاس و قنوط)**.

-بعضی عمل‌ها، اثر سقوط دهندگی کمتری بر غیربدن دارند، ولی هرچقدر بیشتر به عظمت بالاترین معنا فکر کنیم، گناه را هر چند کوچک باشد، بزرگتر می بینیم. کوچک شمردن گناه هم سقوط دهنده است.

-در طول تاریخ، مورد اعتماد ترین انسان، برگزیده ترین انسان روی کره زمین بوده و هست و خواهد بود. دادن یک پنجم از اضافه مال در هر سال به او، عمل لازم و صعود دهنده ای است. او این دارایی را، بهتر از هر انسانی، صرف صعود دادن بقیه انسانها میکند (**خمس**).

-خوردن یا استفاده کردن از هر ماده ای که وابستگی شدید غیر بدن به بدن را باعث میشود، سقوط دهنده و اسارت دهنده است:

مانند مواد مخدر یا شراب، که انسان اختیارش را از دست میدهد، یا اختیارش وابسته و ضعیف میشود.

برای تکامل و صعود، باید غیر بدن یا اختیار، رها و قوی باشد. (**گناه کبیره شراب خوردن**)

-انسان هر چیزی را نباید بخورد.

بعضی مواد غذایی بر بدن تأثیر سقوط دهنده دارند، مثلا گوشت حیوانات درنده یا مواد پست و کثیف.

علم بشر در گذشته و الان ناقص است و این خوردنی های ممنوع را باید از طریق برگزیده ها فهمید (**غذای حلال**).

-گوش دادن به صداهایی که غیربدن به آن مشغول شود و انسان نتواند به بالاترین معنا توجه کند سقوط دهنده است.

مگر میشود انسان باشد و عشق نباشد؟

مشغول شدن به هر کاری مانند گوش دادن به صداهایی که وابستگی و عشق به غیر بالاترین معنا را سبب شود بیهوده و سقوط دهنده است. (**گناه لهو و غنا**)

-هدر دادن آب، مواد غذایی، زمان، و هر دارایی که میتوانسته صرف صعود شود، سقوط دهنده است. (**گناه کبیره اسراف**)

-غرور سقوط دهنده است.

توجه به عظمت بالاترین معنا، انسان را به تواضع وا میدارد.

هر چه انسان به بزرگی بالاترین معنا بیشتر توجه میکند، خود را کوچکتر می بینند.

انسان هرچه دارد، بخاطر خلق بالاترین معناست نه خودش. غیربدن و بدن هر انسان را بالاترین معنا هر لحظه خلق میکند. (**گناه غرور**)

این عمل صعود دهنده، در اول روز و وسط روز و آخر روز انجام می شود و تمرین رهایی است.
روز قبل از طلوع آفتاب شروع می شود.
شروع هر روز در سحر و خلوت و سکوت، به عشق وکمال و آرامش کمک میکند.
سحرها دل جان میگیرد و قوی میشود.
برای عمل تواضع در برابر بالاترین معنا، باید بالاترین نقطه بدن یا پیشانی بر زمین گذاشته شود، این از زیباترین عملهای انسانها است.
عمل در هر سطحی، یعنی افکار یا گفتار یا رفتار، در این بدن متوجه بالاترین معناست.
ما صلح طلبان می‌توانیم این عمل صعوددهنده را برای تاثیر بیشتر، به طور دسته جمعی هم انجام دهیم.

این عمل، نقطه اتصال بدن و غیربدن است، و بسیار لازم و صعود دهنده است (**نماز**).
-هر عملی که برای رهایی غیر بدن از نیازهای بدن، به قصد توجه به بالاترین معنا باشد، صعود دهنده است مانند: انجام شغل، ازدواج کردن، غذا خوردن، حمام رفتن، خرید کردن، ...(**حق النفس**)
-پاسخگویی به نیازهای بدن، برای سلامت و بقای بدن حیوانی مان لازم است ولی ما انسان هستیم، و باید حداقل چند روز در سال از شروع روز تا پایان روز بطور عمدی و نیت دار از خوردن و آشامیدن و سکس کردن خودداری کنیم، تا غیر بدنمان تقویت یابد. مقاومت اختیاری به اختیار و نیت خودمان در برابر گرسنگی، به غیربدن نیت و معنایی میبخشد که نزدیکی به بالاترین معنا را سبب میشود.
از فواید دیگر این عمل، درک فقیران بدنی است.
از فواید دیگراین عمل، سلامتی بدن است، چون پرخوری ها و زیاده‌روی ها در ارضای نیازهای بدن باعث فشار به بدن می‌شود و مریضی و پیری را باعث می شود.
قرار است گرسنگی رفع شود نه اینکه سیری ایجاد شود و فشاری اضافه شود.
زیاده روی در نیازهای بدن، باعث اسارت و مشغول شدن غیربدن به بدن می‌شود (**روزه**).
-بخشیدن قسمتی از اضافه مال، برای اثبات صداقت در رها بودن، لازم است.
این مال اگر محصولات کشاورزی و دامداری باشد باید سهم مشخصی از اضافه آن را بخشید تا بقیه مال برای صاحبش پاک شود (**زکات**) .

۹- چه عملها یا بدنهایی در رابطه با خودم صعوددهنده و سقوط دهنده اند؟

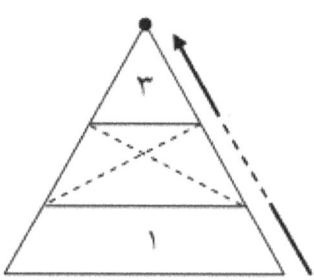

- بدن انسان دو سوم آب است و یک سوم خاک و نظمی که در طی پنج میلیارد سال، این دو را کنار هم قرار داده است.

آب اولین شرط حیات است و خاک دومین شرط حیات است.

خیلی از کثیفی ها با آب پاک میشود.

غیربدن و بدن تا زمان مرگ بدن بر هم تاثیر می گذارند. با هرگناهی بی نظمی و ناآرامی در بدن ایجاد می شود و غیربدن هم تاثیر می پذیرد.

شستن بدن با آب به صورت کلی یا فقط قسمت هایی از بدن میتواند اثر آرامش بخش داشته باشد.

اگر آب نباشد، تماس بدن با خاک هم تاثیر صعود دهنده دارد (**مطهرات، غسل، وضو، تیمم**).

- انسان چهار نیازه سعی میکند هر ثانیه بدنش یا عملش برای نزدیکتر شدن غیر بدنش به بالاترین معنا باشد.

درست است که انسان صلح طلب هر ثانیه همه بدنها یا عملهایش در جهت نیت بالاترین معنا است، ولی بدنی مخصوص غیر بدن هم وجود دارد.

عملی فقط برای تمرین اینکه غیر بدن یا نیت یا عشق، متمرکز بالاترین معنا باشد تا در دیگر عمل های شبانه روز، حفظ نیت یا غیربدن در جهت بالاترین معنا، آسانتر باشد.

۲۵

۸- سه نیازه های عمدی از بمب اتم برای ساکنان زمین خطرناک ترند.

هر چه زمان میگذرد بشر به بلوغ و آگاهی بیشتری دست میابد و در حال حاضر تقریبا همه انسانهای کره زمین چهارنیازه بودن را انتخاب می کنند.

ولی امکان دارد انسان هایی باشند که نیاز چهار را کلا نپذیرند؟

یعنی عمدا انتخاب کرده اند که در همه عمرشان سه نیازه عمدی باشند.

ما چهارنیازه ها هم گاهی از نیاز چهار غافل میشویم ولی بعد از عذاب غیربدن در نهایت به بهشت میرویم، ولی سه نیازه های عمدی کلا به بهشت نمیروند.

غیر بدن نامحدود خواه انسان، فقط با بالاترین معنا آرام می شود و اگر آن را قبول نکند، نیاز به نامحدود، هنوز در انسان وجود دارد.

انسان هایی که انگیزه صلح را قبول نمیکنند، عشق نامحدود به آسمان اول و بدنشان دارند.

آنها انگیزه نامحدودی برای تصاحب همه کره زمین دارند.

آنها از جهل مردم سوءاستفاده میکنند و جنگ راه می اندازند تا نفع شخصی ببرند.

آنها تعدادشان بسیار کم است، مانند مقدار نمک در غذا هستند، ولی تاثیرشان برای کره زمین بسیار زیاد است.

سه نیازه های عمدی حقیقتها را میدانند و درون و بیرونشان یکی نیست.

آنها از حقیقتها استفاده میکنند و میدانند مردم نمیدانند، و از نا آگاهی مردم سوءاستفاده میکنند.

همه چیز را میگویند و نقطه آخر را نمیگویند.

آنها خوب را نشان میدهند که بهترین را نشان ندهند.

مکار و حیله گر و دورو هستند و ظاهر نمایی میکنند.

عملهای سقوط دهنده را ترویج میدهند و هزاران فساد دیگر.

جنگ فقط با سه نیازه های عمدی لازم است.

ما صلح طلبان با انسانهایی که انگیزه صلح یعنی بالاترین معنا را نمی پذیرند یعنی سه نیازه عمدی اند، صلح نمی کنیم.

استدلال ما عشق و آزادی است. بخاطر بالاترین معنا دچار رنج و سختی شدن عشق است و زیبایی و معنا.

در حال حاضر، فلسفه دولت کشور ایران، انتظار برای حکومت بالاترین انسان است.

در طول تاریخ، بشر رفتار خوبی با برگزیدگان نداشته است، ایندفعه بشر باید ناز بکشد و بخواهد و دعا کند برای سروری بالاترین انسان کره زمین. ایندفعه بشر باید در عمل ثابت کند که با برگزیده بالاترین معنا رفتار خوبی خواهد داشت. **(حضرت مهدی عج)**

ما صلح طلبان بالاترین انسان صلح طلب را شایسته ترین انسان میدانیم و منتظر حکومت موعود صلح طلبان هستیم.

۷- در حال حاضر بالاترین چهار نیازه روی کره زمین کیست؟

انسانی که همه ثانیه های زندگی اش، غیربدن و بدنش به سمت بالاترین معنا است.
از تک تک انسان های کره زمین بپرسند آیا در زندگی خود توانسته اند انسان کاملی باشند؟

من که مطمئن هستم انسان کاملی نیستم. من نتوانسته ام انسان صد در صد باشم. من یک انسان معمولی ام که درستی و نادرستی یا سقوط و صعود را با هم داشته ام. انسان برگزیده صددرصدی کامل، وجود دارد.

انسانهایی که عشق مشابه دارند، ناخوداگاه به سمت هم گرایش دارند.

من عاشق انسانی هستم که عاشق بالاترین معناست.

هر چه او بیشتر عاشق بالاترین معنا باشد، لیاقت عشق را بیشتر دارد.

این عشق در راستای بالاترین معنا و بخاطر بالاترین معناست.

انسانی برگزیده که همیشه دو بخش وجودش را در جهت بالاترین معنا نگه داشته است، حتی اگر دچار رنجهای بسیار شده است.

انسان برگزیده کامل، رنجهایش بخاطر گناهان خودش نیست، بلکه انسانهای جاهل مسبب آن هستند، یعنی بخاطر هدایت و آگاهی انسانهای ناقص دچار سختی میشود.

بدون هیچ تعصبی و پیشفرض هیچ دین و مذهب و فرقه ای، در کمال آزادی و نگرش مشترک به چهار اصل صلح طلبان، ما به هر انسانی که سعی کرده باشد با بالاترین معنا باشد احترام می گذاریم.

با شناخت بیشتر رفتارها یا بدنها یا عملهای انسانهای والا، این عشق بیشتر میشود.

ما صلح طلبان چهار نیازه، تعصب نداریم که رفتار و جملات صحیح از زبان چه کسی و متعلق به چه فرقه ای و دین و مذهبی است، چون نگاه انسان به انسان داریم و معتقدیم چیزی حق تر و بالاتر است که آزادتر و صادقتر است.

هر چه انسانها بیشتر به بالا نگاه کنند مشترکتر و متحدتر و صلح طلبترند، و هر چه بیشتر به آسمان پایین توجه کنند جنگ و اختلاف و دسته دسته شدن بیشتر دارند.

تاریخ بشر با تمرکز و توجه به این چهار اصل مشترک وارد عرصه جدیدی میشود، که بجای افزایش فرقه زایی و واگرا شدن، بدنبال کاهش اختلاف و پیوستن و همگرا شدن میشود.

سخنان برگزیده ها مانند بقیه رفتارهایشان، صحیحترین بوده است.

آیا سخنان برگزیده ها ثبت می‌شده است؟ مثلا در یک کتاب؟

اگر بیشتر مردم، رفتار خوبی با برگزیده‌ها نداشته اند، پس رفتار خوبی هم با کتاب آنها نداشته اند، مثلاً کتاب را نابود می کرده اند، یا معناهای نوشته شده را به نفع شخصی تغییر می داده اند.

ای بالاترین معنا، اگر تو میدانستی در آینده همه انسانها چهارنیازه نمی شوند، پس پایان کره زمین را تا الان خلق کرده بودی.

پس باید کتابی که تو نگذاشتی تغییری در آن ایجاد شود، از آن برگزیده ها وجود داشته باشد.

بدون هیچ تعصبی در کمال آزادی، هر انسانی می‌تواند شخصاً این کتاب را، با زبان همین چهار اصل مشترک جهان و انسان، بخواند و خودش آن را تصدیق کند یا نکند و به آن عشق بورزد یا نورزد. (قرآن)

ما صلح طلبان به کتاب تغییر نیافته بالاترین معنا اعتقاد داریم.

۶- آیا انسان نیاز به کمکی دارد ؟

آیا خود انسان میتواند همه عمل‌های سقوط دهنده و صعود دهنده را کشف کند؟
آیا اگر همین انسان های کره زمین عقلشان را روی هم بگذارند می‌توانند به همه سوالات پاسخ دهند؟
آیا بشری که تازه ۳۰۰ سال پیش کشف کرده است که کره زمین گرد است، می تواند؟ اصلا انسان که نمی‌تواند معطل کشفیات بشر بماند.
وقتی بدن انسان طی پنج میلیارد سال روی کره زمین آماده شد، اولین زوج انسان که غیر بدن انسانی را از آسمان بالا گرفتند، پدر و مادر همه انسان‌های کره زمین هستند. (**حضرت آدم و حوا**)
اولین زوج یا پدر و مادر همه انسان های کره زمین، خودشان حامل معنا ها بوده اند، چون انسان دیگری نبوده است که از او بپرسند.(**حضرت آدم اولین پیامبر**)

ولی انسان‌های بعد از آنها چطور؟
قبل از اینکه فیزیک کوانتوم بگوید ماده یا مکان زمان در همه جای جهان یکسان نیست، مردم چطور از وجود بالاترین معنا با خبر میشده اند؟

در هر زمانی روی کره زمین، بهترین انسان وجود دارد، یعنی انسانی که بیشتر از همه انسانهای هم زمان خود به بالاترین معنا نزدیکتر است.
انسان های برگزیده و دارای بالاترین و رهاترین غیر بدن و نیات صلح طلبانه (**پیامبران**).
تا قبل از کشف علوم توسط بشر و حقیقت زمان مکان، آنها از وجود بالاترین معنا آگاهی پیدا می کردند و به مردم هم می گفته اند.
آنها بدن ها یا عمل های صعوددهنده و سقوط دهنده را هم بهتر از هر انسان دیگری روی کره زمین تشخیص می داده اند.
چرا تا به امروز بشر نتوانسته صلح را بر روی کره زمین ایجاد کند؟
انسان ها هرچه بیشتر با بالاترین معنا باشند، با این برگزیده‌ها هم رفتار بهتری دارند.
در طول تاریخ بشر، بیشتر انسانها رفتار بدی با انسان های برگزیده داشته اند که حکومت صلح ایجاد نشده است.

والبته قبول داریم علم بشر هنوز ناقص است و جواب خیلی سوالات را با علم فعلی بشر نمی توان پاسخ داد.

انگیزه ای که کمک میکند، اینست که لذت و عذاب در آسمان کره زمین هر چه قدر است، پروسه ای است مانند تبدیل نوزاد به پیرمرد صدساله که هزاران برابر آن در آسمان بالاتر معادل دارد.

زحمتی که برای حفظ معنا کشیده میشود، عکس العمل دارد با رسیدن به هزاران لذت و دور شدن از هزاران عذاب.

آری، پروسه لذت یا عذاب، مانند پروسه ها یا ماده ها ی دیگر کره زمین، هر چقدر که در کره زمین مقدار دارد، هزاران برابر آن در آسمان بالاتر وجود دارد.

یعنی خوشی و ناخوشی در آسمان بالاتر شدت یا مقدار بیشتری دارد (**بهشت و جهنم**).

ما صلح طلبان در مورد لذت و عذاب بیشتر در آسمان بالا، اشتراک نظر داریم.

هر چه نزدیکتر به بالاترین معنا باشیم، آزادتر و لذت رهایی بیشتر است.

ما مطمئنیم آن بالا، لذت بیشتر بوده است، پس چرا غیر بدن سقوط کرده است؟

آن بالا چه اتفاقی افتاده است که غیر بدن انسان سقوط کرده است و اسیر شده است در بدن آسمان اول؟

چه شد که دور شد از بالاترین معنا؟

ما مطمئنیم انسان بالاترین معنا را دوست دارد، پس شاید یک موجود متفاوت از انسان که اختیار دار است، غیر بدن انسان را تحریک کرده است که از بالاترین معنا دور شود.

یک موجود تحریک کننده به سقوط، که هنوز هم وجود دارد. (**شیطان**)

هرچه نزدیکتر به بالاترین معنا، آزادتر و لذت رهایی بیشتر.

در بند ۹ و ۱۰ این نامه عمل های سقوط دهنده شدید و صعود دهنده شدید در حد اشاره آورده شده است.

ما صلح طلبان به زبان همین چهار نیاز مشترک همه انسانها، برای اعمال صعودی و سقوطی، استدلال و گفتگو می کنیم.

ما معتقدیم انسان آزاد و با صداقت، حق را می‌پذیرد.

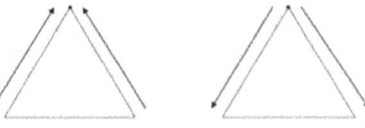

اگر غیربدن بسمت بالا و بدن بسمت پایین، یعنی گناهی از روی غفلت انجام دادن. و اگر بدن بالا و غیر بدن پایین، یعنی کاری خوبی را به نیت غیر از بالاترین معنا انجام دادن.

گناهان غیر عمدی در همین آسمان اول قابل جبران و بخشش است، ولی گناهان عمدی اثر عمد یا نیت یا اختیار در غیربدن باقی مانده است و بعد از مرگ بدن سبب کشش به پایین و سقوط و دور ماندن از بالاترین معنا و رنج می شود.

تشخیص مقدار عمدی بودن سقوطها و صعودها، فقط از عهده بالاترین معنا بر می آید.

همه چهارنیازه ها بعد از پاک شدن غیر بدن از این اثرات، به صعود و لذت میرسند.

هر چه گناه و معطلی بیشتر باشد، در نهایت طبق عدالت، درجه نزدیکی به بالاترین معنا کمتر میشود.

بالاترین معنا آگاه به شرایط هر انسانی هست و غیربدن هر انسانی را در حد توانایی اش مواخذه میکند و همه گناهان غیرعمدی را میبخشد.

انسان ها معمولاً هفت سال اول زندگی یا کودکی، از مرحله اول هرم مازلو عبور میکنند. در هفت سال دوم یا آموزش عمومی یا مدرسه، از مرحله دوم هرم مازلو هم عبور میکنند.

در حدود سن ۱۴ سالگی و کمتر به مرحله ی سوم یا خودشکوفایی میرسند، که معمولاً با شروع دوره شغلی و نیاز جنسی است.

از سن ۱۴ سالگی وکمتر، انسان میتواند بالاترین معنا را برای اعمال خود، نیت یا اختیار کند.

حدودا از سن چهارده سالگی و کمتر، انسان به سن خودشکوفایی می رسد و برای رفتارهایش مواخذه میشود (**سن تکلیف**).

بعضی اوقات چهار نیازه ماندن سخت است.

بعضی وقت ها برای انجام دادن خوبیها یا انجام ندادن بدیها، باید سختی را تحمل کرد، یا لذاتی را ترک کرد.

انگار بالاترین معنا، عشق و سختی و معنا و و درد و تنهایی را با هم آفریده است.

۵- ما صلح طلبان هر دو بخش وجودمان به سمت بالاترین معناست.

تا زمانیکه غیر بدن و بدن انسان به هم متصلند، بر همدیگر تاثیر می گذارند.
بعضی بدنها یا عمل ها هستند که باعث میشوند انسان نتواند به بالاترین معنا توجه کند و بعضی باعث می شوند که انسان بتواند به بالاترین معنا توجه کند.
بعضی بدنها یا عملها هستند که باعث میشوند غیر بدن اسیر و وابسته شود و بعضی بدنها یا عمل ها هستند که باعث میشوند غیر بدن رها و به بالاترین معنا نزدیکتر شود.
برای صعود و تکامل، باید هر دو بخش انسان در جهت بالا باشد (**هم نیت هم عمل صالح برای تقرب لازم است**).

ما صلح طلبان در مورد اینکه هر دو بخش انسان باید متمرکز بالاترین معنا باشد، اشتراک نظر داریم.

بعضی بدنها یا عملهای سقوط دهنده شدت و اثر سقوط دهندگی بیشتری دارند (**گناهان کبیره**).
انجام دادن عمل صعود دهنده شدید صعود است، و انجام ندادنش سقوط است.
انجام دادن عمل سقوط دهنده شدید سقوط است، و انجام ندادنش صعود است (**واجبات و حرامات**).

اگر هر دو بخش یعنی نیت و عمل به بالا باشد، یعنی کاری خوبی را برای نزدیکی به بالاترین معنا انجام دادن که تاثیر آن بر روی غیربدن بعد از جدا شدن از بدن اینست که غیر بدن صعود کند.
اگر هر دو بخش سقوطی باشد، یعنی گناه عمدی انجام دادن که بعد مرگ، غیر بدن سقوط میکند.

بدن وابستگی است و غیربدن استقلال.
بدن رنج است و غیربدن لذت.

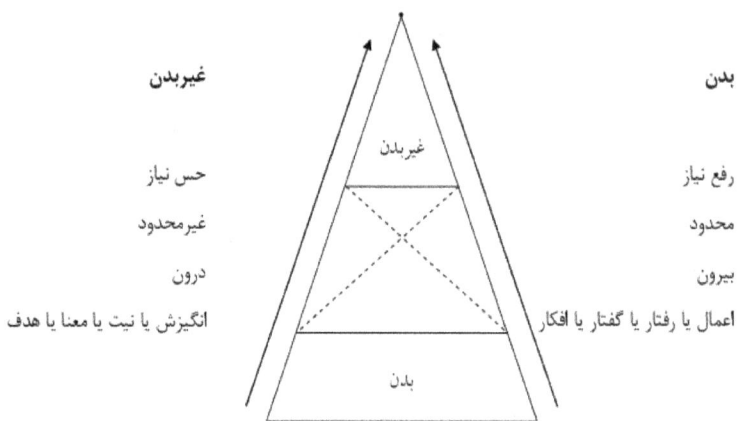

بدن	غیربدن
رفع نیاز	حس نیاز
محدود	غیرمحدود
بیرون	درون
اعمال یا رفتار یا گفتار یا افکار	انگیزش یا نیت یا معنا یا هدف

ما انسان صلح طلب را انسانی میدانیم که چهار نیازه است:

نیاز یک نیاز بدن است.

نیاز دو اتصال بدن و غیربدن است.

نیاز سه غیربدن است.

نیاز چهار بالاترین معنا است

که بعنوان انگیزه ای مشترک برای صلح همه انسانها است.

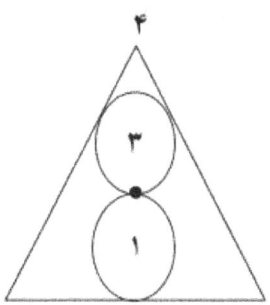

دو بخش انسان یعنی غیر بدن و بدن، دارای معانی دیگری هم هستند:
بدن زمین است و غیر بدن آسمان.
بدن پایین است و غیربدن بالا.
بدن بیرون است و غیربدن درون.
غیربدن اختیار است و بدن اجبار.
غیر بدن نیاز است و بدن برآوردن نیاز.
بدن عمل است و غیر بدن نیت یا انگیزه.
بدن رفتار و گفتار و افکار است و غیربدن هدف یا معناست.
بدن تعصب و اسارت است و غیربدن آگاهی و آزادی.

بدن در مکان محدود است، مثلا معده پولدارترین انسان کره زمین هم حداکثر دو لیتر جا دارد و یا همزمان بیشتر از فضای یک خانه خود نمیتواند استفاده کند.
انسان صلح طلب از بی احترامی ها خشمگین نمیشود و غفلت و جهل انسانها را می بخشد و صبور و آگاه است و اسارتهای دیگران را درک میکند و با بخشش به بزرگی و لذت میرسد.
انسان کمال یافته، بخاطر مردم از بالاترین معنا غافل نمیشود و اسیر خشم و کینه و عقده و گره و عشق به پایین نمیشود.
انسان چهارنیازه طرف حسابش مردم نیست و بخاطر همین بعضی وقتها به معنا و درونگرایی رو می آورد.
قضاوت در مورد غیربدن انسانها، فقط از عهده بالاترین معنا بر می آید.
جامعه یک سیستم است و تقریبا هیچ کس مقصر نیست.
انسان خودشکوفا، محدود خواهی بدن را از نامحدود خواهی غیر بدن جدا میکند.
انسانهایی که تصور میکنند لذت نامحدود را با بدن محدود میتوانند به دست بیاورند، در توهم و نادانی اند.
فرمول ساخت انسان میگوید در ازای هر عشق و لذت اشتباهی، عکس العمل ناخوشی وجود دارد ولو اینکه اگر در سختی دنیا تسویه نشود، در لحظه مرگ و خارج شدن از کره زمین، این عکس العمل انجام شود.
انسان صلح طلب هم به امنیت و احترام خود و هم به امنیت و احترام دیگران توجه میکند.
انسان صلح طلب به فقیران بدنی و فقیران غیربدنی توجه دارد.
نا امنی یعنی فقر بدن و بی احترامی یعنی فقر غیر بدن.
هر چه احساس نیاز به بالاترین معنا بیشتر باشد، انسان بالاتر است.
رهایی بخشیدن یا آزاد کردن از نیاز یعنی صعود.
معنای رهایی ساختن صعود دهنده است.
انگیزه برای کمک به دیگران از این بالاتر که اگر کمک کنیم که انسانی بیشتر با بالاترین معنا باشد، غیر بدن خودمان هم به بالاترین معنا نزدیکتر است؟

ترس از دست دادن چیزی یا کسی زمانی به وجود می آید، که عشق به دست آوردنش را ساخته ایم.

هرچه انسان بیشتر با بالاترین معنا باشد، کمتر به غم و ترس مبتلا می شود.

انسان کمال یافته نمی‌ترسد و غمگین نمی شود و همیشه رها و شاد و آرام است.

انسان با یاد بالاترین معنا احساس عشق و لذت می کند و آرامش می گیرد.

فرمول ساخت انسان میگوید هر انسانی به خاطر نیاز خودش به سمت انسان یا چیزی دیگر می رود، بخاطر نیاز بدن خودش و یا بخاطر نیاز غیربدن خودش.

عشق فقط نسبت به بالاترین معنا حقیقت دارد.

انسانی بالاتر است که عشق یا احساس نیازش به بالاترین معنا، بیشتر و صادقانه تر است.

ما صلح طلبان درباره عشق اشتراک نظر داریم.

انسان صلح طلب نیازهای بدن را رفع می‌کند، به قصد اینکه غیر بدنش آزاد باشد و بتواند به بالاترین معنا توجه کند.

لذت یعنی آزادی یا رهایی از نیاز بدن، لذت یعنی آزادی از فشار و استرس بدن، و عذاب یعنی اسارت و نا امنی.

انسان کمال یافته میداند که احترام یا غیربدن، جدا از امنیت یا بدن است.

انسان صلح طلب با یاد بالاترین معنا، احساس احترام و لذت میکند، چون بالاتر از او احترامی نیست.

انسان صلح طلب هر لحظه خود و دیگران را، به صورت دو بخش جدا از هم می بیند.

احترام خود به خود در غیربدن هست و لازم نیست قهرمان یا خیلی پولدار شد.

نیاز به پول، از نیاز به احترام جدا است، گرچه بعضی انسانها در اجتماع خیلی وقتها غافل میشوند و نیازهای بدن را به خاطر شخصیت یا کلاس اجتماعی مخلوط و زیاد می کنند.

احساس داشتن بالاتر از داشتن است. احساس داشتن مربوط به غیربدن است و جدا از داشتن است.

بدن انسان محدود در مکان و زمان است، یعنی نیازهای محدود دارد:

بدن در زمان محدود است، یعنی ممکن است هر ثانیه بمیرد و حتی اگر در پیری بمیرد مستاجر چند ساله اموال و داراییهای خود است مشروط بر اینکه توان استفاده از آنها را داشته باشد یعنی بدن سلامت باشد و نقص نداشته باشد.

۴- در حقیقت نیاز دو چیست؟

بدن نیاز به امنیت دارد و غیربدن انسان نیاز به احترام دارد.
همچنان لحظه ی مرگ را تصور کنید.
غیر بدن هر ثانیه میخواهد از بدن کنده شود و به بالا رود، ولی اتصال ها یا عشق ها یا وابستگی ها نمی گذارد.
عشق نقطه اتصال بدن و غیر بدن انسان است.
عشق فقط نسبت به بالاترین معنا حقیقت دارد.

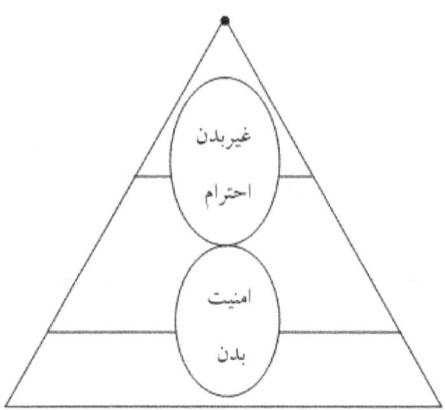

ما انسانها خیلی وقتها به اشتباه فکر می‌کنیم که عشق به انسانها حس درونی است، ولی عشق به انسانها رفتار یا بدن است.
عشق به انسان ها یعنی توجه عملی به امنیت و احترام انسانها.
انسان با یاد بالاترین معنا احساس امنیت می یابد، چون از مرگ که بالاترین استرس است نمی ترسد و بلکه هر لحظه در لحظه ی مرگ زندگی می کند و با مرگ به عشق و احترام خود میرسد.
سختی هایی که انسان ها در زندگی شان می کشند به خاطر همین جدا شدن از وابستگی ها و عشق های اشتباهی است.

کره زمین شروع و پایان دارد.

بالاترین معنا که خالق هر شروع و پایانی است، پایانش را چه زمانی خلق خواهد کرد؟ اگر کره زمین که طی پنج میلیارد سال به صورت آهسته و تدریجی از حالت انرژی به این ماده ی فشرده ی امروزی تبدیل شده است، بخواهد در مدت کوتاهی به همان انرژی تبدیل شود، حوادث هولناکی رخ می دهد. (**قیامت**)

در آسمان اول موجوداتی خلق شده اند.

در آسمان های بالا هم موجوداتی خلق شده اند.

بالاترین معنا می تواند بی نیاز هر چیز، هر چیزی را که بخواهد، در آسمان اول و بالاتر خلق کند و یا می تواند با واسطه موجودات آسمان های بالاتر چیزی را در آسمان اول خلق کند.

مخلوقاتی واسطه بین بالاترین معنا و مخلوقات کره زمین، برای پایین آوردن خلقت یا خواست بالاترین معنا در جهان وجود دارند (**ملائکه**).

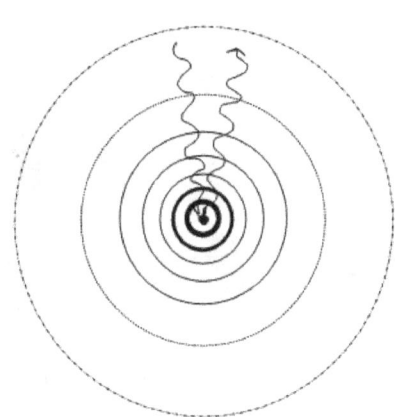

پایینترین قسمت هرم، منطبق بر پایینترین قسمت جهان، یعنی آسمان اول یا کره زمین، ماده ترین است که با تراکم و سیاهی بیشتر نشان داده شده است. بدن یعنی اسمان اول.

هر چه به سمت بالا میرویم، منطبق بر روند و ساختار جهان، کمتر ماده تر یا وجود بیشتر میشود که از سیاهی کاسته میشود. درجات غیربدن با آسمانهای بالاتر معادل است.

بالاترین نقطه هرم مازلو، جایی است که سیاهی نیست، یا ماده نیست یعنی بالاترین معناست.

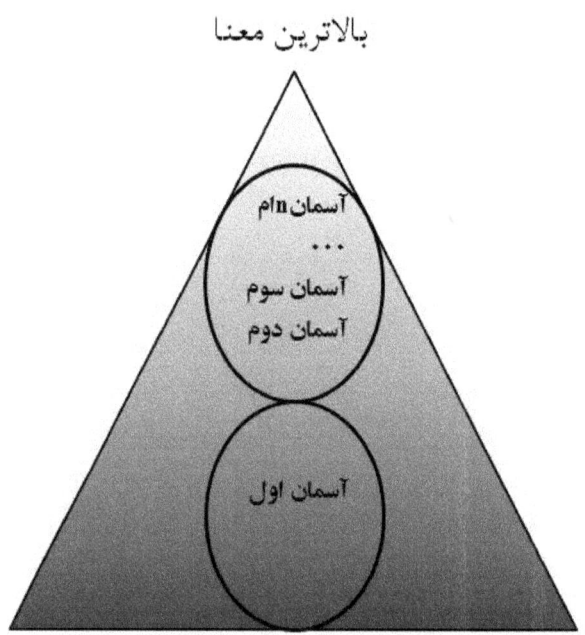

اختیار انسان، یا انگیزه انسان، همان غیربدن انسان است.
غیربدن یا انگیزه همه، بعد از مرگ بدن و جدا شدن از آسمان اول به سمت بالا و به سمت یک مقصد یا بالاترین معنا میرود.

ما صلح طلبان کره زمین در مورد اینکه بالاترین معنای جهان میتواند بعنوان انگیزه ای مشترک باشد، اشتراک نظر داریم.

هر کس که این انگیزه صلح را قبول ندارد، بجای آن یک انگیزه مشترک برای صلح و حفظ امنیت و احترام انسانها معرفی کند.

غیر بدن هر انسانی تا لحظه مرگ بدن متصل به کره زمین است و بعد از مرگ بدن جدا می شود و به بالا می رود (**معاد**).

بدن همه انسانها از کره زمین یا یک آسمان مشترک است،
اگر غیر بدن همه انسانها هم به یک جای مشترک بالا رود، انگیزه ای برای بهتر بودن وجود ندارد، و هم پوچ و هم ناعادلانه است و انگیزه ای برای حفظ امنیت و احترام دیگران وجود ندارد.

هر انسانی به تناسب اینکه غیر بدنش چقدر سعی کرده است با بالاترین معنا زندگی کند، یعنی آن را اختیار کرده است، یا انگیزه اش چقدر با بالاترین معنا بوده است، بعد از جدا شدن از بدنش، درجه ی نزدیکی به بالاترین معنا یا لذت یا بهشت بالاتر کسب می کند.

هنوز بشر کشف نکرده است بعد مرگ، کیفیت این عدالت در آسمان بالاتر، چگونه اجرا میشود، ولی به هر حال ما صلح طلبان به عدالت بالاترین معنا یقین داریم (**عدل و درجات بهشت**).

اگر ماهیت جهان و انسان را بر هم منطبق کنیم، هرم مازلو را به این صورت می‌توانیم ببینیم:

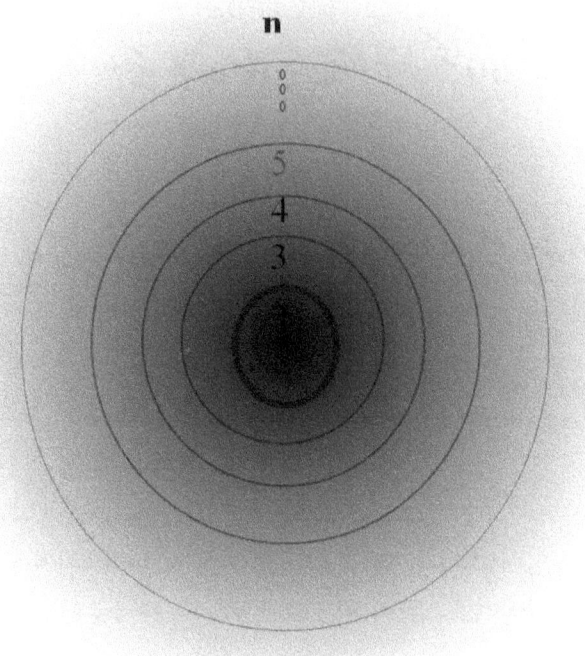

n
5
4
3

۳- بالاترین معنا در جهان چیست؟

به نظر شما چند آسمان وجود دارد؟

تعداد آسمان ها چند تا است؟ هر چند تا دایره دیگر که می‌خواهید بکشید. چهارتا ؟ هفت تا؟ ده تا؟ هزار تا؟

در هر صورت تعداد آسمانها یا n عددی محدود است، چون عمر بدن انسان محدود است.

و هم اینکه، اگر تعداد آسمانها نامحدود باشد، انگیزه ای مشترک برای صلح، وجود نخواهد داشت. یک هدف مشترک برای همه انسانها که غیربدن همه، بعد از مرگ بدن، به سمت آن برود، لازم است.

ما صلح طلبان در مورد اینکه تعداد آسمانها عددی محدود یا n است اشتراک نظر داریم.

برای انگیزه صلح همینکه بپذیریم تعداد آسمانها عددی محدود یا n است، کافیست.

(درقرآن هفت آسمان بیان شده است).

نهایتا بالاترینی هست که بالاتر از آن نیست. اگر ماده باشد پس بالاتر از آن هم میتواند باشد، پس ماده نیست. نمی دانیم چیست فقط می دانیم ماده نیست.

او محدود در مکان زمان نیست. او نامحدود است. او احاطه کننده همه آسمان‌های محدود است. او شروع و پایانی ندارد ولی احاطه کننده همه شروع ها و پایان هاست. او احاطه کننده ی گذشته و آینده ی همه آسمان هاست. هر چیزی در جهان شروع و پایانی دارد غیر از او. برای نامحدود، بزرگی یک اتم یا بزرگی آسمانها فرق ندارد. او خالق هر شروع و پایانی است. او خالق همه آسمان هاست.

او خالق غیربدن و بدن انسان است. او هر لحظه خلق میکند که انسان اختیار داشته باشد یا نه.(**توحید، خدا = الله = God**)

ما صلح طلبان در مورد اینکه بالاترین معنای جهان حقیقتی است که وجود دارد، اشتراک نظر داریم.

همانطور که گفتیم، برای شروع و پایان یک پروسه مثلاً تبدیل نوزاد به پیرمردی صد ساله در آسمان اول، صد سال کره زمین لازم است.

برای همین پروسه در آسمان دوم، باید ده بار بعد از هر صد سال کره زمین به پایین آمد و بالا رفت، یعنی هزار سال کره زمین لازم است، یعنی این پروسه در آسمان دوم، هزار سال کره زمین، ماده یا مکان زمان یا ارزش وجودی دارد.

و به همین ترتیب، برای انجام همین پروسه در آسمان سوم، ده هزار سال کره زمین لازم است.

پروسه نوزاد به پیرمرد در آسمان کره زمین صد سال کره زمین مقدار دارد، ولی همین پروسه در آسمان بالاتر هزار سال کره زمین مقدار دارد و یا ده هزار سال کره زمین مقدار دارد.

هرچه بالاتر، کمتر ماده تر، وجود بیشتر، آزادتر.

جنس بدن انسان از آب و خاک، یعنی کره زمین یا آسمان اول است.

جنس غیر بدن انسان، هر چه هست، از کره زمین نیست.

ما صلح طلبان در مورد اینکه، جنس غیربدن انسان از آسمان بالاتر است، اشتراک نظر داریم.

موجودات و حیوانات دیگر هم غیر بدن دارند، ولی غیر بدن انسان با غیربدن همه ی حیوانات دیگر کره زمین فرق دارد. انسان با اسب و سگ و خرس و گربه و مرغ و... فرق دارد.

انسان نیاز به احترام و آگاهی و خلاقیت دارد.

انسان آزادیخواه و نامحدود خواه است.

انسان اختیار دارد و فقط غریزه نیست.

انسان می‌تواند بر غیربدن خود تاثیر بگذارد و آن را بالاتر ببرد.

ما قبول داریم هنوز علم بشر، خیلی از ناشناخته ها را کشف نکرده است و جواب خیلی سوالات را نمیتوان با علم فعلی بشر داد.

کهکشان راه شیری هم ذره ای از یک آسمان بالاتر است.
اگر اتمسفر کره زمین را آسمان اول بنامیم و منظومه شمسی را آسمان دوم بنامیم و کهکشان راه شیری را آسمانی سوم بنامیم، شکل زیر را می توانیم تصور کنیم.

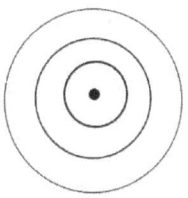

نقطه وسط کره زمین است که مانند یک حلقه انگشتر است. اندازه های واقعی یعنی بیابانها را نمیتوانیم روی کاغذ این نامه نشان دهیم. اگر صفحه کاغذمان به اندازه سطح کره زمین بود باز هم نمی‌توانستیم اندازه‌های واقعی جهان را روی کاغذ نشان دهیم! برای اینکه مفهوم ماده را در جهان بتوانید درک کنید مثالی میزنیم.
فرض کنید در یک زایمان، چند نوزاد همزمان به دنیا می آیند. قل اول را در آسمان اول، یعنی زیر اتمسفر کره زمین می گذاریم. قل دوم را در آسمان دوم، یعنی منظومه شمسی می گذاریم. قل سوم را در آسمان سوم یعنی کهکشان راه شیری می گذاریم. به همین ترتیب تا قل آخر پیش می‌رویم.
وقتی قل اول در کره زمین پیرمردی صد ساله شد، بقیه قل ها را به روی کره زمین می آوریم.
مشاهده می‌کنیم، قل دوم یک نوجوان ده ساله است و قل سوم یک کودک یک ساله است.
این اعداد برای درک موضوع است و فرموله شده دقیق نیست.
یعنی شروع و پایان صد سال در آسمان اول یا کره زمین مساوی است با شروع و پایان ده سال در آسمان دوم یا یک سال در آسمان سوم.
یک روز در آسمان دوم به اندازه ده روز در آسمان اول طول میکشد.
پس فشردگی ماده یا مکان زمان در آسمان اول ده برابر فشردگی در آسمان دوم است. یعنی آسمان بالاتر، ماده یا مکان زمان آزادتر یا رقیقتر دارد.
هزاران سال است که بیشتر مردم فکر میکنند هر چیزی که ماده تر باشد، وجود بیشتری دارد، در حالیکه برعکس است: هر چیزی که کمتر ماده باشد، وجود بیشتری دارد:

به مدت بیست دقیقه، موقع خواندن این نامه، تصور کنید در لحظه مرگ هستید، یعنی از یک بدن و یک غیربدن تشکیل شده اید.

جنس بدن از چه چیزی است؟

امروزه دانشمندان سن کره زمین را حدود پنج میلیارد سال تخمین زده اند.

دانشمندان می گویند کره زمین در پنج میلیارد سال پیش، به صورت توپ انرژی وجود داشته است که در طی زمان از انرژی، اتم های مختلف و سپس مولکول های مختلف و سپس تک سلولی ها و سپس پرسلولی ها و نهایتا انسان چند هزار سال پیش به وجود آمده است.

به نظر می آید در یک برنامه پنج میلیارد ساله، بدن انسان داشته آماده میشده است.

پس جنس بدن انسان از کره زمین است.

ولی جنس غیر بدن انسان از چیست؟

اگر جنس غیر بدن انسان هم مانند جنس بدن انسان می بود، باید هر انسانی دو بدن میداشت، پس جنس غیربدن و بدن با هم فرق دارند.

ما صلح طلبان در مورد اینکه، جنس بدن و غیربدن با هم فرق دارند، اشتراک نظر داریم.

برای شناخت جنس غیربدن انسان ها، باید ابتدا جهان را بشناسیم.

اخیراً دانشمندان کشف کرده اند، که ماده یا اتم از انرژی تشکیل شده است.

انرژی یا نور با سرعت سیصد هزار کیلومتر در ثانیه در فضا حرکت می کند.

یک کیلومتر یعنی یک مکان محدود شده از این مکان تا آن مکان و یک ثانیه یعنی یک زمان محدود شده از این زمان تا آن زمان.

پس ماده یعنی انرژی یا مکان زمان.

ماده = انرژی = مکان زمان

دانشمندان به این باور رسیده اند که مکان زمان یا ماده می تواند در همه جای جهان یکسان نباشد.

ستاره شناسان می گویند کره زمین در این جهان نقطه‌ای بسیار کوچک است.

تصور کنید کره زمین به اندازه یک حلقه انگشتر باشد. منظومه شمسی نسبت به این حلقه انگشتر به اندازه یک بیابان است.

همین تفاوت اندازه را برای اندازه ی منظومه شمسی نسبت به کهکشان راه شیری تصور کنید، یعنی منظومه شمسی مانند یک حلقه انگشتر در بیابان کهکشان راه شیری قرار دارد.

۲-انسان چیست؟

اگر در هرم مازلو فعلاً نیاز ۲ را در نظر نگیریم، فقط ۱ و ۳ باقی می ماند.

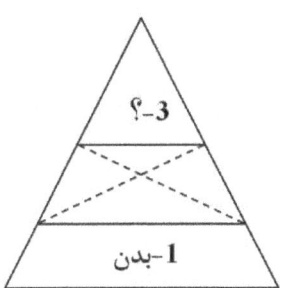

انسان مرده فقط بدن یا ۱ است.
اگر قبول داریم انسان زنده با مرده فرق می کند، پس انسان زنده فقط بدن یا ۱ نیست.
با توجه به هرم مازلو، انسان زنده، چیزی غیر از بدن یا ۳ یا هم دارد، که برای اختصار و راحتی - چیزی غیر از بدن- را - غیر بدن- می نامیم.
همه انسانها دو بخش اند: بدن و غیربدن (روح)

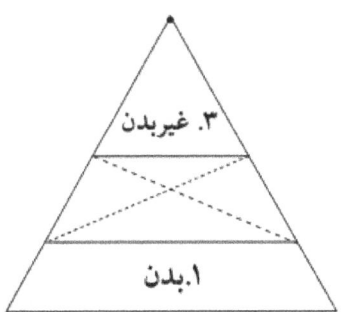

از انسان غارنشین تا آخرین انسان روی کره زمین همه این ساختار را دارند.
آیا کسی میتواند ادعا کند دو بخش نیست و یک یا سه یا پنج بخش است؟

ما صلح طلبان در مورد اینکه انسان دو بخش است، اشتراک نظر داریم.

۱-آشنایی با هرم مازلو

آبراهام هینکل مازلو (۱۹۷۰ – ۱۹۰۸) نیازهای انسان را به ترتیب در سه دسته بیان کرده است:

۱ - نیازهای بدن
۲ – نیازهای اجتماعی: امنیت، محبت، احترام
۳ - آزادی کامل خود هر انسان یا خودشکوفایی

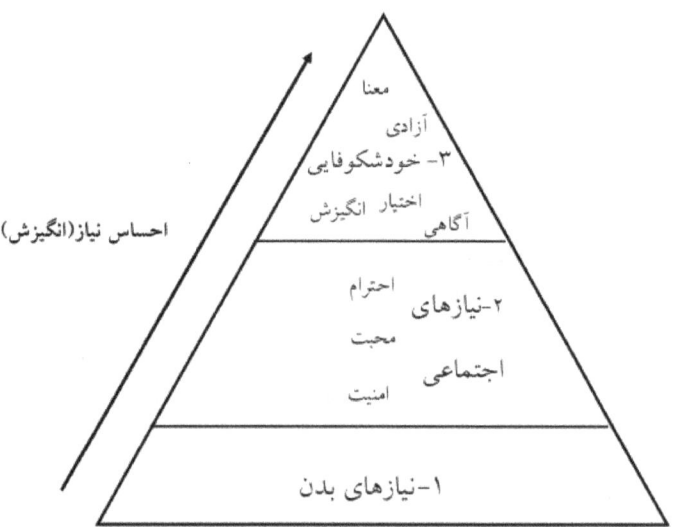

هر انسانی برای سه دسته نیاز خود به ترتیب از پایین مثلث نیازهایش انگیزه دارد. اولین نیاز یا اولین انگیزش، نیازهای بدن است.
دومین نیاز یا دومین انگیزش، نیازهای اجتماعی است.
مازلو می‌گوید انسان با رهایی از مرحله ۱ و ۲ به مرحله کمال یا ۳ می‌رسد.
انسانهای کمال یافته یا خودشکوفا دارای صفات تکامل یافته ای هستند: عشق، صداقت، آزادی، استقلال، تعصب نداشتن، خلاقیت، سازگاری با انسان ها، ...

فهرست

۱- آشنایی با هرم مازلو..۱

۲- انسان چیست؟..۲

۳- بالاترین معنا در جهان چیست؟.....................................۶

۴- در حقیقت نیاز دو چیست؟..۱۱

۵- ما صلح طلبان هر دو بخش وجودمان به سمت بالاترین معناست............۱۶

۶- آیا انسان نیاز به کمکی دارد ؟..................................۲۰

۷- در حال حاضر بالاترین چهار نیازه روی کره زمین کیست؟..............۲۲

۸- سه نیازه های عمدی از بمب اتم برای ساکنان زمین خطرناک ترند.......۲۴

۹- چه عملها یا بدنهایی در رابطه با خودم صعوددهنده و سقوط دهنده اند؟...۲۵

۱۰- چه عمل ها یا بدن هایی در رابطه با مردم صعود دهنده و سقوط دهنده اند؟ ...۲۹

۱۱- ما چهارنیازه های صلح طلب خواستار تشکیل مدیریت واحد برای کره زمین هستیم که همه نیازهای بدن همه انسانها هر ثانیه تامین باشد..........۳۴

در این نامه حقایق یا آموزه های صلح به زبان ساده و مشترک و عامیانه، بطور مختصر و به ترتیب بیان میشود.

حدود بیست جمله در متن وجود دارد که با فونت متفاوت آورده شده است، این بیست جمله تاکید بر مشترکات پذیرفته شده صلح طلبان کره زمین میکند.

این طرح، حرکت نویی است که برای اولین بار در دنیا، با مشارکت شهروندان و شهرداری یک شهر انجام میشود.

ما امید داریم که شهروندان دیگر دنیا هم به ما بپیوندند.

این کتاب در فروردین سال ۱۳۹۵در آمریکا، از سوی موسسه آسان نشر، توسط انتشارات **Supreme Art** با نام (صلح برای همه کره زمین) با شابک ۹۷۸-۱۹٤۲۹۱۲۰۰۲ به چاپ رسیده است و بعد از ویرایش و تغییر نام در اسفند ۱۳۹٦ با شابک ۹۷۸-۱۹٤۲۹۱۲۳۸۵ به زبان فارسی و انگلیسی به چاپ رسیده است. همچنین در ایران، با نام (صلح برای همه کره زمین)، در مهرماه سال ۱۳۹۵ با شابک ۹۷۸-۲۵۸۲۳۰٤٦۰۰ مجوز انتشار کسب نموده است.

با تشکر از همه صلح طلبان محترم

مقدمه

سلام به همه صلح طلبان کره زمین.

ما شهروندان مشهدی با نوشتن این نامه، همه انسانهای کره زمین را به صلح دعوت می‌کنیم.

این یک نامه شهروند به شهروند ،یا انسان به انسان است، و اصلا به سیاستها و کشورها و جنگها، کاری ندارد.

این نامه به اینکه در شناسنامه کشوریتان، چه چیزی تایپ شده است، توجهی ندارد.

در این نامه، اینکه دین و مذهب و زبان و نژادتان و لباستان چیست ، موضوعیت ندارد.

ما فقط به خاطر انسان بودن این نامه را نوشتیم.

این نامه به زبان مشترک همه انسانهای کره زمین نوشته شده است.

ما همه انسان هستیم و برای صلح ابتدا باید یک زبان مشترک پیدا کنیم.

ما میخواهیم یک بستر مشترک برای گفتمان صلح ایجاد کنیم.

زبان مشترکی که در این نامه انتخاب کرده ایم، زبان هرم مازلو است که نیازهای انسان را بیان میکند .

در این نامه ، انسان و جهان در چهار اصل خلاصه میشود.

ما با استدلال بر این چهار اصل مشترک، حقایق مشترک را بیان میکنیم.

ما صلح طلبان در این نامه در مورد چندین حقیقت مشترک توافق میکنیم.

ما برای هر حقیقت اسمی گذاشتیم که داخل پرانتز است و شما می توانید (آن را حذف کنید و یا اسم دیگری روی آن بگذارید).

ما در این نامه یک نیاز دیگر را به هرم مازلو اضافه کرده ایم و انگیزه قوی و مشترک برای صلح همه انسانها معرفی کرده ایم:

حقیقتی بالا که با با پذیرفتن آن، همه حقایق دیگر هم، بستر گفتمان و پذیرفته شدن پیدا میکنند.

تقدیم به

همه‌ی انسان‌های آزاد و با صداقت کره زمین

به نام انگیزه دهنده صلح

سپاس بالاترین معنای جهان را

عنوان: نامه صلح شهروندان مشهدی به همه انسانهای کره زمین
نویسنده: زهرا انصاری زاده
انتشارات: هنر برتر (آمریکا)
شابک: ۹۷۸-۱۹۴۲۹۱۲۳۸۵
شماره کنترلی کتابخانه کنگره: ۲۰۱۸۹۰۳۲۰۹

آماده سازی برای نشر توسط آسان نشر
www.ASANASHR.com

کلیه حقوق مادی و معنوی این اثر برای نویسنده محفوظ است.
هرگونه استفاده از محتوای این اثر منوط به کسب اجازه از نویسنده است.

نامه صلح شهروندان مشهدی به همه انسانهای کره زمین

زهرا انصاری زاده

صلح به زبان همه‌ی مردم کره زمین
و توصیف آینده موعود کره زمین

www.ingramcontent.com/pod-product-compliance
Lightning Source LLC
Chambersburg PA
CBHW071708040426
42446CB00011B/1962
* 9 7 8 1 9 4 2 9 1 2 3 8 5 *